りぼんの付録 全部カタログ

87年6月号

94年3月号

80年4月号

01年11月号

78年4月号

96年8月号

81年1月号

81年6月号

90年3月号

86年5月号

84年3月号

00年11月号

94年7月号

79年11月号

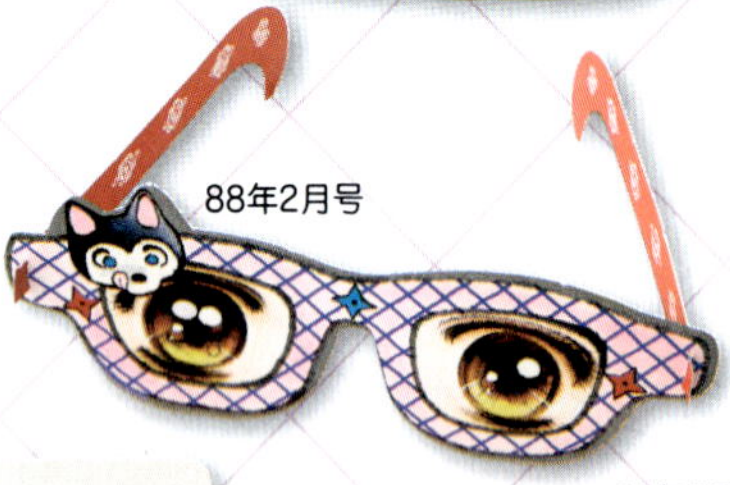
88年2月号

94年5月号

75年3月号

90年2月号

88年8月号

86年11月号

99年7月号

85年1月号

91年5月号

89年10月号

93年7月号

70年7月号

82年5月号

92年10月号

95年7月号

80年12月号

94年10月号

94年1月号

00年11月号

83年9月号

92年7月号

69年1月号

97年6月号

90年1月号

93年3月号

〜少女漫画誌60年の歴史〜

りぼんの付録 全部カタログ

烏兎沼 佳代

集英社

はじめに

ようこそ、りぼんのふろくの世界へ。

１９５５年にりぼんが創刊して60年がたちました。

創刊号から60年間、１号もかかさずについたふろくの総数は、全７２０号で約３７００コになります。

大小自在の立体モノ、ひとつでも多くしようと工夫してある一枚紙モノ、レターセット、ノート、ファイル、そして約６００冊ある別冊、と形や表現方法はさまざまですが、いつの時代も〝いちばん新しいものを、もっと便利に、もっとたくさん〟と考えぬかれた、りぼんならではの工夫と楽しさでいっぱいです。

また、女の子に必要な基礎知識やお楽しみはすべてりぼんのふろくが教えてくれた、と言ってもけして言いすぎではありません。

友だちづきあいのエチケットから、最新ファッション、料理やスイーツ、スケジュール管理、季節の楽しみ、勉強、うらない、お悩み相談、大好きなまんが家の先生情報まで、わかりやすくてすぐに使える最新情報と基礎知識が、サービスたっぷりについているのです。

でも、そんなにすてきなモノなのに、ふろくは、歴史の教科書にのりません。

〝女の子がつぎにほしいモノ・読みたいモノ〟という、いちばん時代に敏感な少女ゴコロをうつしつづけてきた魔法の鏡なのに、です。

60年間のりぼんのふろくをもれなく記録することで、昭和30年以降の、日本の少女の歴史がきっとうかびあがってくるはずです。

もうひとつおまけに、ふろくは、日本人が得意な〝手仕事、細工〟という日本文化の宝庫でもあります。

「ＫＡＷＡＩＩ《かわいい》」や「ＫＡＲＡＯＫＥ《カラオケ》」が世界語になったように、いつの日か、りぼんの「ＦＵＲＯＫＵ《ふろく》」が世界語になりますように。

それよりなにより、りぼんっ子のみなさんが思い出のふろくと再会できますように。

そんな願いをこめながら――、さあ、なつかしいりぼんのふろくの世界のトビラを開けることにいたしましょう。

おや、なかから楽しそうな、おしゃべり声が聞こえてきました。

どうやら、そろそろミラクル・パーティーがはじまるようですよ。

りぼんの付録全部カタログ ～少女漫画誌60年の歴史～

もくじ

ふろくんの@検索

※本書では、原則としてりぼん本誌の表紙又はもくじに〈ふろく〉として掲載された物を〈ふろく〉と呼んでいます。表記も表紙・もくじに準じています。

※年表記は、すべて西暦で下2けたです。55年〜99年は1955年〜1999年を、00年〜15年は2000年〜2015年を表します。

ミラクル・パーティー　創刊60周年記念

りぼんのふろく同窓会

開会のことば

たいへんお待たせいたしました。

これより、創刊60周年記念、りぼんのふろく同窓会を開催いたします。

集英社の資料室で眠っていた約３７００コのふろくたちが今日だけ集まってくれました。

私は、本日の司会・進行をつとめます、うとママと申します。

進行をお手伝いするのは、ふろくの作り手側からの解説をいれるトマトちゃん、若者代表として昭和語やむずかしいことばを解説するふろくんのふたりです。

どうぞ最後まで、ごゆっくりお楽しみください。

トマトのクイズ

カバーの写真わかるかな?

この本のカバーにのっている20コのふろくの写真、いくつ知ってますか?
挑戦して、りぼんっ子度を判定しよう。
お友だちとやってみてね。

判定

0〜9コ	普通にりぼんっ子
10〜15コ	けっこうりぼんっ子
16〜19コ	かなりりぼんっ子
20コ	最高のりぼんっ子

♡答えは197pと201pを見てね。

第1章

ドキドキの歴代ふろくベスト10

うとママたち3人が話し合って決めた、
ドキドキ度ベスト10の発表です。
みんなの考えた順番と同じですか？

1位

ふろくドキドキ度ベスト10

レターセット

「もったいなくて使えなかった」

ほかのことばをあれこれさがしたのですが、やっぱりこれしか言いようがありません。

りぼんっ子たちとふろくの思い出をおしゃべりすると、必ずこのことばとともにアツく語られるのがレターセットの愛らしいふうとうやびんせんたちです。

初登場は、57年6月号「レター・セット」。花束と湖の絵があしらわれた赤と緑の厚紙のファイルに、一筆せん、びんせん、ふうとう、松島トモ子さんが湖を背景にバレエを踊っているイラストの絵はがき、それに濃いピンクの羽根ペンがはいっていました。開けてビックリの、「バレエふうかんはがき」（58年10月号）は、二つ折りになったふうとう兼用のびんせんを開くと、バレリーナのピンク・黄色・緑のチュチュが半円形の蜂の巣みたいに広がるし、「ちょうちょレター」（59年7月号）では、びんせ

78年12月号

72年6月号

うとママの採点

胸キュン度 ♥♥♥
女の子度 ★★☆
こだわり度 ♠♠♠

んを開くと針金の先についた黄色いちょうちょが、ひらりと舞い上がります。こんなびんせんやふうとうに、りぼんっ子たちは夢中になりました。

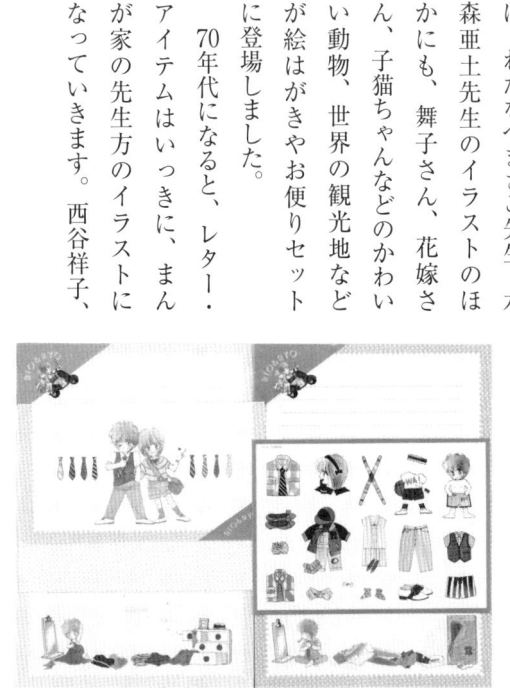

レター・セットの最初期のイラストレーターは、内藤ルネ先生。60年代までには、わたなべまさこ先生、水森亜土先生のイラストのほかにも、舞子さん、花嫁さん、子猫ちゃんなどのかわいい動物、世界の観光地などが絵はがきやお便りセットに登場しました。

70年代になると、レター・アイテムはいっきに、まんが家の先生方のイラストになっていきます。西谷祥子、

84年5月号

77年12月号

山岸凉子、一条ゆかり、内田善美、大矢ちき、篠崎まこと、土田よしこ、山本優子、陸奥A子、太刀掛秀子、田渕由美子、のがみけい、佐伯かよのといった先生方が腕をふるいました。80年代には萩岩睦美、浦川まさる、高田エミ、小椋冬美、小田空、池野恋、本田恵子、樹原ちさと、柊あおい、さくらももこ……90年代になると、吉住渉、水沢めぐみ、彩花みん、矢沢あい、小花美穂、高須賀由枝、岡田あ～みん、赤座ひではる、ところはつえ、種村有菜、椎名あゆみ、藤井みほな、森ゆきえ……2000年以降は、槙ようこ、榎本ちづる、春田なな、小桜池なつみ、酒井まゆ……60年間に総勢40人以上の先生方が、ふうとうやびんせんという限られた空間が無限の宇宙になるよ

うなイラストを描いています。

　250万乙女の時代といわれる90年代半ばには、型ぬきしたレターパッドが目を引きます。パレット型のレターパッドにふうとうとシールがついた「池野恋の愛良ちゃんおえかきレターセット」（92年2月号）では、「おともだちにおえかきレターで手紙を書いたら、おともだちからもおえかきレターで返事が来た」というお手紙がふろくファンルームに届きました。

　セットも、よりパ

93年6月号

88年8月号

ワーアップして、「光希ちゃん　ママレード・レターセット」（93年2月号）は、びんせん20枚、ふうとう5枚、シール、それに爪でこするとさわやかなオレンジの香りがするP．S．カードがついて、全部しまえるファイルまでついています。

　95年6月号「矢沢あいの　実果子ちゃんチビデカレタ

ふろくファンルーム

　りぼん本誌で、長くつづくふろくの情報ページのこと。最初は目次の下でお便りを紹介していたのが、創刊20周年の年には、読み物ページとして独立。その後、担当者が変わりながら、ずっとつづいています。トマトちゃんもそのうちのひとりなんだって。今は、ふろくの遊び方をパソコンの動画でも見られるよ。

ーセット」は、その名のとおり大・小のびんせんとふうとうのセットで、びんせんは真ん中で二つ折りすると実果子とツトムがぴょこんと顔を出すユニークなデザイン。デカ・チビ両方に、まとめてピッタリ収納できる箱もついたうれしいセットでした。

　そして、98年10月号「高須賀由枝の菜緒ちゃん　ブック・レターセット」は、ブック型ケースにふうとう、びんせん、シール、P.S.カードがついたうっとりするような

85年12月号

92年2月号

美しさです。サファイア・ブルーは不思議の国のアリス、エメラルド・グリーンは白雪姫、ルビー・ピンクはシンデレラと、女のコが永遠にあこがれる三つの物語の主人公を色別のびんせんに描き、一冊の本のようにしまっておくことができます。

　レターセットでとくに重宝されたのが、水に溶けてなくなってしまうP.S.カード。「読んだら水で溶かしてね」と言って渡せば秘密の伝言もしっかりガードできますね。

　レターセットをながめていると、心の底からやさしさ、勇気、元気がわいてくるよう。学校から帰るとすぐりぼんを買いに走ったあのころのあったかい心を思い出しますね。

最古のグッズ

りぼんのふろくは、冊子からはじまりました。冊子以外でもっとも古いのは、創刊3号目の1955年11月号についた「りぼんしおり」です。しおりはそれから50回以上、ふろくになってるよ。

56年11月号「シンデレラしおりセット」は豪華。二つ折りのファイルになっていて、表にシンデレラ、開くと内側にお城の絵がオールカラーで描かれています。内側のポケットに入っているのは、ペナント型（長細い三角形）のしおりが2枚、12時10分前をさす時計とシンデレラのイラストカードが1枚、ガラスの靴や魔女やかぼちゃの馬車のシール、それに小指の先ほどのこけし型しおり。こけしは当時、人気のマスコットだったんだね。初期のしおりには、ほかにも舞子さん、花、羽子板など、楽しいものがたくさんあります。

そして、しおりは進化をつづけます。「岡田あ～みんのこいつら100％コーナーしおり」（91年5月号）は、三角形の袋になっていて、ページの角にかぶせて使いました。「ちびまる子ちゃんしおりシール」（91年9月号）は、ふせんのようにウラ面の一部にのりがついているスグレモノでした。「彩花みんのチャチャのりんごの香りしおり」（92年11月号）は、こするとふわりといい香りがしたし、「池野恋のりりかちゃん　ブランコしおり」（95年11月号）は?マークみたいな形で、本のページを開くのが楽しみになるグッズでした。

95年11月号

ふろくドキドキ度ベスト10

2位

シール

りぼん60年の歴史で、シールはいったい何回ふろくになったことでしょう。

レターセットやラッピングペーパー、プレゼント用袋にはほとんどシールが入っていますから、70年代以降になると、〝毎号シールがついている〟と言っても言いすぎではないほどです。

ふろくリストでシールを数えると、58年5月号［シールとふうとう］をはじめに、シールと名のつくふろくは約500コ！ ちなみに、この号のシールは、内藤ルネ先生のびんせんといっしょのふろくでした。

84年4月号

74年9月号

ペタペタどこでもはれるシールは、封をする機能だけでなく、ちっちゃなブロマイドの役割も果たしてゆきます。人気まんがのキャラクターはもちろんのこと、60年代終わりにはじまったグループサウンズブームから70年代アイドルブームのフィンガー5や山口百恵などの〝フレッシュ・スター〟、80年代、90年代の人気まんがのキャラクターたちが次つぎにシ

トマト

の採点

胸キュン度 ♥♥♡
女の子度 ★★☆
こだわり度 ♠♠♠

ールになっていきます。巻尺のように四角い箱に入ったシールが50センチも出てくる「次から次からとびだすシール」（74年9月号）や、「水沢めぐみのでかでか・ワッペンシール」と「池野恋のビッグ・シール」（86年10月号）のふたつが一度につくサプライズもありました。

グループサウンズ

1960年代後半から70年ごろにかけて流行した音楽グループ。超イケメンが歌ったり、ギターを弾いたりで、大人気だったんだって。ふろくにもたくさんグッズがついてるよ。GSとも言います。

83年5月号

86年5月号

ふろくの世界で脇役が多かったシールが、いちやくトップスターになったのは、「シールブック」と呼ばれるシールの台紙を何枚も重ねてとじたものです。「池野恋ときめきトゥナイトシールブック」（87年7月号）、「高田エミのシロちゃんシールブック」（88年10月号）、「池野恋・水沢めぐみ・吉住渉・矢沢あいのりぼん

83年9月号

シールブック」（92年6月号）、「元気アイドル4人のりぼんシールブック（友香ちゃん・姫ちゃん・光希ちゃん・翠ちゃん）」（93年9月号）、「りぼんスーパーシールブック」（94年10月号）、「りぼんアイドル　シールブック」（95年6月号）、「高須賀由枝／グッドモーニング・コール　メモリアルシールブック」（02年5月号）、「りぼんオールスター♥ラブリー・シールブック」（06年9月号）と主役級がたくさんあります。

　とくに、95年6月号のシールブックは、手紙用の紗南ちゃんメールシール、ノートや教科書用でインデックスになる奏ちゃん勉強シール、ダイエット用カロリーが一目でわかるチャチャのカロリーシール、エリカちゃんネームシールが一冊に

98年2月号

85年5月号

なって、ぜんぶで110コもついた、超絶シールセットでした。

　1枚の台紙にシールが100コずらりと並んで圧倒されたのは、「りぼんオールスター大集合100シール」（93年4月号）。大塚由美、吉住渉、柊あおい、水沢めぐみ、さくらももこ、沢田とろ、岡田あ～みん、椎名あゆみ、彩花みん、赤座ひではる、高田エミ、田辺真由美、長谷川潤、茶畑るり、藤井みほな、ところはつえ、池野恋、矢沢あいといった19人の先生方による、当時の本誌の目次をいっぺんに見ているようなうれしさです。そして忘れられないのが、「吉住渉のママレード・ボーイ　メモリアル100シール&メモリアルポスター」（95年11月号）。「ママレード・ボーイ」の連載がお

わったのを記念したふろくで、シールの裏が描き下ろしポスターになっていたから、どっちを使おうか迷いながらも「すっごくトクした気分」でしたね。

95年にプリントシールがお目見えして、シールの世界に大旋風が巻き起こりました。

07年2月号はシール・パラダイスのようなふろく。シールシート8枚にメモ10枚とシールケース、フォトポケット8枚がついた6穴式バインダーは、りぼんちゃんに変身した人気キャラのイラスト入りです。そしてキューティー★ロゴシール、ラブカワ♥メッセージシール、チョコレートの香りつきのハッピーバレンタインシール、あなたへひとことシール、それにホンモノのプリントシール機みたいにシールを入れて遊べるプリチ↓プリマシーンとオールスター・プリシールがついていました。

88年11月号

86年7月号

79年12月号

90年3月号

ノートやペンケース、したじき、カバンにペタペタ……。授業中もずっとあこがれのキャラクターやアイドルといっしょにいられる気分で、わくわくでしたね。机やカバンやエンピツ削りをシールだらけにしておこられちゃったりぼんっ子も、きっといるんじゃないかしら。

3位

ふろくドキドキ度ベスト10

トランプ・かるた

小さな箱に、あこがれのスターやキャラクターたちが1枚1枚のカードになって詰まっているトランプ。そして、おちゃめな読み札に大笑いしたかるた――。

お正月と夏休みのお楽しみは、トランプとかるたでした。

60年1月号「おしゃれかるた」をはじめに、61年1月号「バレエかるた」、64年1月号「オールスターブロマイドトランプ」、そして68年1月号で初のキャラクタートランプ「ラーラ・トランプ」が登場しています。カードの絵柄はふつうのトランプと同じで、箱、カードの裏、ジョーカーがラーラのイラストでした。

80年8月号

80年8月号

79年1月号

りぼんのトランプが超人気のふろくアイテムになるのは、70年代の「乙女ちっく」の時代から。「陸奥A子のファンタジックトランプ」（77年1月号）、「田渕由美子のチャーミング・トランプ」（78年8月号）、「太刀掛秀子の花ぶらんこトランプ」（79年1月号）といったひとりの先生による美しい描き下ろしイラスト

ふろくんの採点

胸キュン度 ♥♥♥
女の子度 ★★★
こだわり度 ♠♠♤

のトランプが、りぼんっ子をうっとりさせました。

80年代になると、「ランゼ・ポー・茜・りおのアイドル4・トランプ」（83年12月号）、「ランゼ・りお・まなみ・こももニューアイドル4トラベルトランプ」（85年8月号）、「香澄・メロディ・シロ・キララ・お父さん元気アイドル5人のドキドキえにっきトランプ」（87年8月号）など4、5人の先生がハート・スペード・ダイヤ・みつ葉・ジョーカーのうちのひとつを受け持って描き下ろす、夢の共演トランプが、夏とお正月の定番となってゆきます。

87年8月号（4枚とも）

90年代になると、トランプはますますパワーアップします。

「元気アイドル4人（愛良・姫子・未央・シロ）＋こいつら3人（極丸・満丸・危脳丸）カロリー早わかりトランプ」（91年8月号）は、「食べたい&やせたい」という永遠の悩みに答えた伝説の

ふろくんの@検索

乙女ちっく

少女まんが特有のかわいい、柔らかい感じの絵やまんがのこと。最初は陸奥A子先生の作品に使われて、その後「りぼん」だけでなく、いわゆる「かわいい」グッズを表すことばとして、一般に使われるようになりました。

力作。食べ物のカロリーと消費カロリーが、〈ソフトクリーム約150kcal〉〈レモンスカッシュ約70kcal〉〈通学・買い物（急ぎ足）　30分間約90kcal〉〈水泳（クロール）100メートルを3分間で泳ぐ　約40kcal〉などと1枚1枚描き下ろしたイラストに書きそえてあります。

ほかにも、「愛良・光希・姫子・翠おしゃれアイドル4人＋こいつら3人（危脳丸・極丸・満丸）のカラーファッショントランプ」（92年8月号）は、4人の先生が春夏秋冬の必須アイテムを13パターンずつデザインした、まるでファッション図鑑のようなおしゃれトランプ。また、花ことばの入門書のようだった「元気アイドル4人（光希・愛良・翠・姫子）＋岡田あ〜みんの夢実ちゃんの花ことばトランプ」（93年8月号）、英語の勉強になった「りぼんアイドルアルファベットトランプ&トランプケース」（98年8月号）などで、アイドルたちは大活躍。池野恋先生「ときめきトゥナイト」の愛良ちゃん、吉住渉先生「ママレード・ボーイ」の光希ちゃん、矢沢あい先生「天使なんかじゃない」の翠ちゃん、水沢めぐみ先生「姫ちゃんのリボン」の姫ちゃんほか、そ

88年8月号

89年8月号

89年8月号

88年8月号

のときどきの「りぼんアイドル4人」に、岡田あ〜みん先生の夢実ちゃんや〝こいつら3人（危脳丸・極丸・満丸）〟などがプラスされて、数多くのトランプになりました。

また、「ときめきトゥナイト」の「ランゼ」（82年12月号）、さくらももこ先生「ちびまる子ちゃん」（90年8月号）、「ママレード・ボーイ」（94年8月号）、藤田まぐろ先生「ケロケロちゃいむ」（97年9月号）は、テレビアニメにあわせたアニメトランプで、なんだかとってもトクしたようなうれしさでした。「椎名あゆみの友香ちゃんトランプブック」（94年8月号）は、トランプ遊びやうらないがのっていて、おまけにクッキングブックとリバーシブルになって

89年8月号（4枚とも）

いるベンリな本でしたね。

かるたの女王はちびまる子ちゃん。88年2月号、89年2月号、90年2月号と3回かるたになっています。

とくに、「さくらももこのまるちゃん流ことわざカルタ」（89年2月号）は、くすくす笑ったあとでみょうに納得できるイラストでした。

「彩花みんのチャチャの新春ワンワンかるた」（94年1月号）みたいに、自分で切り離すタイプのものは、大きな紙の全面にカードが印刷されていて壮観で、切り離すときはドキドキでしたね。

はじめはもったいなくて使えなかったけど、遊ぶと夢中になってカードに折れ線やキズをつけちゃった、なんてカナシイ思い出もあるんじゃないかしら。

4位

ふろくドキドキ度ベスト10

文房具

きれいな文房具がいつもきちんとそろっているのは、勉強ができたり友だちづきあいがじょうずな女のコの第一条件。授業中はせっせとノートをとって、放課後にはキラキラペンでイラストを描いたり、まんがに挑戦したり、真剣勝負のラブレターを書いたり。ふろくの文房具は、りぼんっ子の女子力アップを60年間応援しています。

87年4月号

82年1月号

文房具のトップランナーはペンケース。59年2月号「ゴルフバッグ型鉛筆ケース」にはじまり、「ビニール特製マキちゃんふでばこ」（63年4月号）、「内田善美のハイクラス・ペンシルケース」（77年11月）、「陸奥A子のペンシル・ケース」（81年4月号）、「小椋冬美のペンシル・ケース」（83年4月号）、「池野恋のわくわくランドペンシル・ボックス&ジグソー・パズル」（86年12月号）、「彩花みんのチャチャラブリーペンケース」（94年11月号）、「種村有菜の満月ちゃん　エナメルペンケース」（02年

うとママの採点

胸キュン度 ♥♥♡
女の子度 ★★★
こだわり度 ♠♠♤

9月号）と進化してきました。

創刊50周年の05年9月号「春田ななラブ・ベリッシュ！　フルーティー・カンペンケース」は、タテ75ミリ・ヨコ190ミリ・厚み40ミリもあるビッグサイズ。フルーツのモチーフがキュートで、中トレーがついた三段重ねにストッパーもがっちりついています。メイクケースにもなる重宝なつくりで、ペンケースの進化の結晶のようなふろくでした。

筆記具は58年10月号に「こけしボールペン」がついたきり、45年間はめだったものはなく、03年4月に「槙ようこ　ゆずゆちゃん　愛してるぜベイベ★★　しんがっきおどうぐセット」のカラフルペンセット5本で再デビューします。そこからは怒濤の快進撃！　キラキラ光るラメ入りインクのペンや、はんこつきボールペン、4色ボールペン、ジェルラメデコペン、書いた文字が消える不思議な蛍光色のマジカルペンなどが、たちまち人気のふろくになります。

ほかにも、しおり、鉛筆けずり、消しゴムブラシ、ペンたて、じょうぎ（ルーラー、スケール）、ルーズリーフ、ペンシルキャップ、ブックカバー、クリップ、バインダー、クリアファイル、ふせんなどがあり、机の上も引き出しのなかも、文房具はほとんどふろくでそろってしまう、充実のラインナップです。

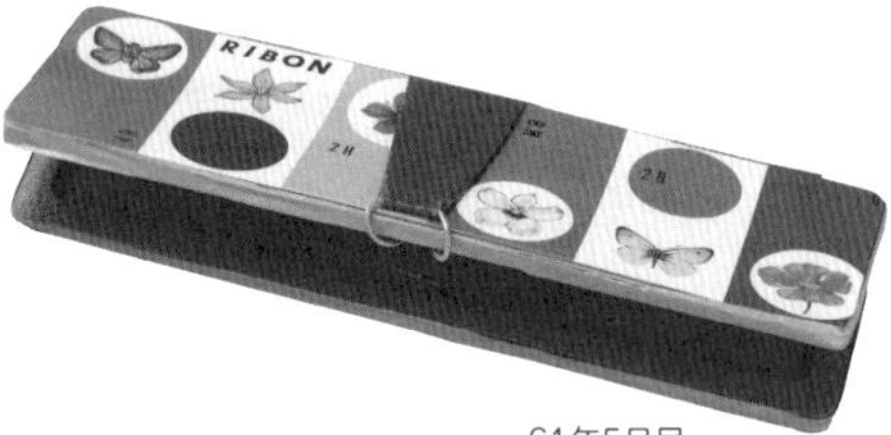

61年5月号

77年11月号

87年4月号

93年10月号

おちゃめな文房具もときにはあって、95年4月号「小花美穂の紗南ちゃん　びっくり！　スケール」は、ストライプのもようがついたカバーを左右に動かすと、紗南ちゃんたちの表情が変わるオモシロじょうぎ。そのオモシロさは、ふろくファンルームのイラストに「授業中遊びすぎないようにね！」とひと言ご注意が入っているほどです。

95年9月号

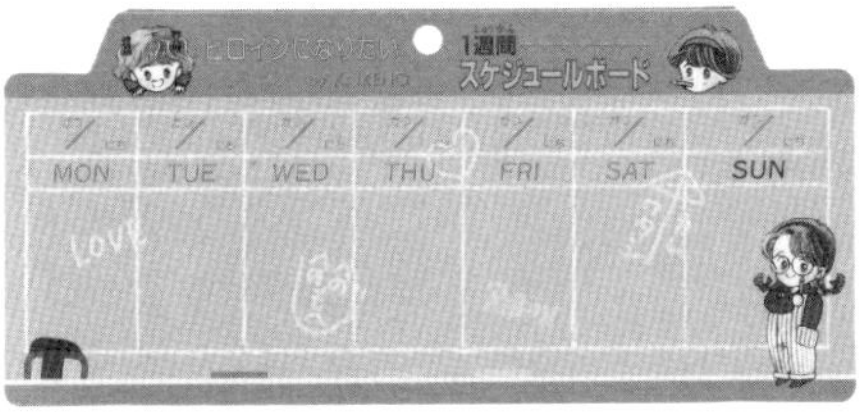

91年3月号

ファイルは、レターセットやノートなどと並んでかわいいイラストの宝庫ですが、機能では、40周年を記念した「矢沢あいの実果子ちゃんスタイリッシュ・ファイル」（95年9月号）が話題になりました。サイドが伸び縮みする、ジャバラ式のファイルで、見出しにもなる仕切りが3枚ついていて、レターセット、シール、学校でもらうプリントもきれいに整理できます。ジャバラの収納力に、脱帽モノのふろくでした。

87年7月号

93年10月

そして、したじき。57年4月号の「おべんきょう下じき」をはじめ、60年間で約30枚ふろくになっています。70年代は「一条ゆかりの砂の城下じき」（77年11月号）、80年代「本田恵子の花音ちゃんしたじき」（87年4月号）、90年代には「矢沢あいの翠ちゃんロマンチックしたじき&大塚由美の吹雪ちゃんハロウィーンしたじき」（93年10月号）が両面とも秋らしいイラストですてきでしたね。

机の上をちょこっとそうじするのにべんりなブラシもふろくの定番。64年4月号の「けしごむブラシ」から「ミニブラシとダストパン」と名を変えて、「久木田律子」（78年4月号）、「沙知と蔵」（79年11月号）、「小椋冬美」（83年3月号）、「萩岩睦美のポー」（84年1月号）、「岡田あ〜みんのモヒカン父さん」（85年11月号）、「樹原ちさとの介松おヒゲ」（86年10月号）などがおそうじの味方になっています。

99年1月号

87年1月号

84年5月号

うとママのつぶやき

おしゃれグッズ

ブローチ、指輪、ピアスやシュシュ、指先でキラキラ輝くネイル……おしゃれグッズは、いつの時代もりぼんっ子を夢中にさせます。

アクセサリーのなかでいちばん多くふろくになったのはブローチ。60年間で50回ほどふろくになっていますが、一度に何個もつくことも珍しくはなく、たとえば、60年8月号では、曜日ごとに毎日取りかえて楽しめるように、「七つのブローチ」がつきました。63年11月号「おしゃれセット」では、矢車ブローチ、赤とみどりのペアリングがセットになっています。穴に指を入れただけでサイズがはかれる「みよし・ららのマジョリカフィンガーゲージ」（76年4月号）なんてベンリグッズもありましたね。

87年5月号

80年代には、ネイルグッズが登場。82年8月号「萩岩睦美のネイルペーパー」をはじめに、2000年代になるとマニキュア2本セットの本格コスメにまで進化します。ネイルセットは今や、りぼんっ子必須のアートメイクとして毎年のお楽しみになっているのです。

また、りぼんっ子にとって、鏡はおしゃれの基本。「ひみつのアッコちゃん」が別冊ふろくになったころにコンパクトがふろくになったこともあったし、「鏡つき」と書いてあるとってもわくわくしましたね。87年6月号「柊あおいの香澄ちゃんキャピキャピ・ミラーつきおしゃれラック」は、イラストが散りばめられたピンクのフタを開けると内側が鏡になっているサプライズ！　思わず「かわいい！」でした。

ふろくドキドキ度ベスト10

5位

遊び・ゲーム

「くみきセット」という名前のふろくが、57年10月号にありました。（なんだろう?）と見てみると、四角や三角形をしていてプツプツ穴が開いた板と、リリアンみたいなヒモのセット。ヒモで板をむすんで組み合わせると、写真たてやペンたてなどいろんなモノが自由な発想でつくれる遊びです。

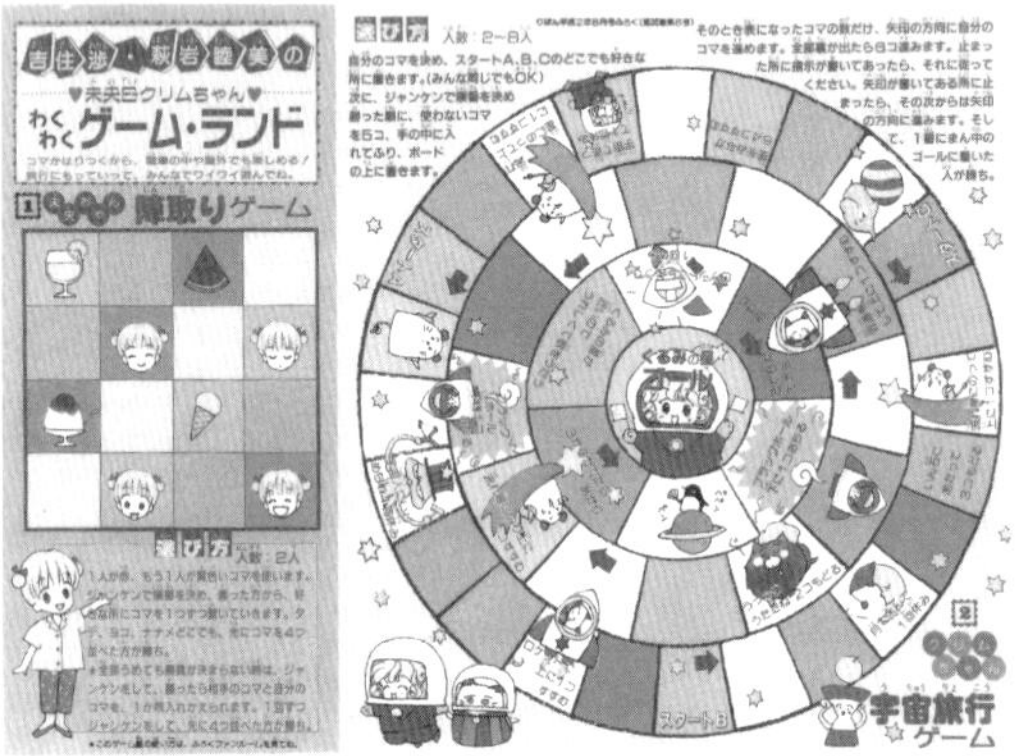

90年8月号

こんな知育玩具からスタートした〝遊べるふろく〟には、トランプとかるた以外にも、着せかえ人形、ぬりえ、おりがみ、ゲーム、パズル、そしてお正月のすごろく、福笑いなどがあります。着せかえ人形の洋服を落ちないようにそっとひっかけたり、家族や友だちとゲームをしたり、パズルでう〜んと考え込んだり、おりがみでキャラを折ったり……もっともっと遊んでいたかったなあ。

着せかえ人形は、りぼんっ子のあこが

66年12月号

トマトの採点

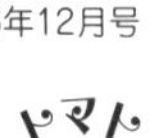

胸キュン度 ♥♥♡
女の子度 ★★★
こだわり度 ♠♠♠

れの分身でした。はじめて登場したのは、「きせかえセット　花よめにんぎょう」（57年2月号）。67年の3月、4月号には、「夢のリビングセット（彩子ちゃんのきせかえ人形・すてきなマスコット三面鏡・ステレオ　時計　がくぶち　いすと机の〈5点セット〉・きせかえをしまえる洋服だんす）」、「デラックス立体きせかえセット（きせかえ人形まゆみちゃん・きせかえ衣装セット・ビニール型ハンドバッグ・組みたて三面鏡）」がたてつづけに登場します。それから、ジュリーとショーケンの「GSきせかえセット」（68年12月号）には、ユニフォーム姿のふたり用のお部屋がつくれるインテリアも入っていました。79年2月号には「陸奥A子のファッション・ドール／ファッション・ワード・ローブ」がつき、80年代には、「萩岩睦美のポーのきせかえあそび・グリーティングカード」（83年12月号）、「柊あおいの香澄ちゃんスイート・ソーイングハウス＋香澄ちゃんきせかえドール」（87年10月号）、「水沢めぐみの朝ちゃんマスコット&きせかえシール」（89年9月号）、90年代以降は

57年10月号

83年8月号

90年12月号

「矢沢あいの実果子ちゃん　きせかえセット」（96年4月号）などがあります。

お正月号と夏休み号は、遊べるふろくのパラダイス。組み立てて動かして遊ぶゲームや、すごろくなどのボードゲーム、それにトランプやかるたがついておおにぎわい。どれもしっかり遊べるゲームたちでした。

お正月号のゲームは、やっぱり和風のすごろくや福笑いです。すごろくには、「小田空のスペースすごろく」（82年2月号）、「ところはつえのおもしろすごろく」（85年8月号）、「藤井みほなのエリカちゃん　パッションすごろく」（95年1月号）などがあり、名キャラクターならではのゲームが楽しめました。福笑いは、岡田あ～みん先生のお父さんは心配症や、さくらももこ先生のちびまる子ちゃん、亜月亮先生の風子ちゃんといった大好きなキャラクターたちが、ぺろんとしたのっぺらぼうになっていて、はじめはちょっとおどろく

85年2月号

89年4月号

けれど、目かくしして目・鼻・口とおいていくとみんな大笑いでしたね。

動かすゲームでは、おひなさまやクリスマスツリーなどがありました。「彩花みんのチャチャおひなさまグラグラゲーム」（95年3月号）では三段に重ねた山をくずさないようにおひなさまをとったり、「高須賀由枝のりえちゃんクリスマス・ツリーゲーム」（94年12月号）ではくるくるツリーを回して高い点数をきそったり、もちろん、おひなさまもツリーも、そのまま飾ってもきれいでしたね。

パズルもたくさんあったなあ。ジクソーパズルや、正方形の平らな箱に九つ四角い駒が入ってて1コはずしてかちゃかちゃ動かして絵を完成させるパズル……、「彩花みんのチャチャ六面相パズル」（95年8月号）はサイコロみたいな六面体のパズルで、六つの面をすべて男の子か女の子にする頭の体操。ふろくファンルームには、トラの巻までついていました。

96年4月号

89年9月号

87年1月号

ふろくインタビュー

吉《よし》住《ずみ》渉《わたる》先生

みんなの記憶に残っているふろくは何？　いちばん多いこたえは、「ひとつだけを選べない！」かな？　このコーナーでは、誰もが必ず名前を挙げるあの先生に、ふろくの思い出を語ってもらいました。「ハンサムな彼女」、「ママレード・ボーイ」、「ミントな僕ら」などなど、長くりぼんで連載し、ふろくを描いていただいた吉住渉先生です。

四つ上の姉が小さいころから大学時代まで「りぼん」を買っていたので、わたしはずっと〝お姉ちゃんのりぼん〟を借りて読んでいました。

ふろくは自分のモノにならなかったけど、小さいころは、「乙女ちっく」まんがの全盛期。太刀掛秀子先生、田渕由美子先生、陸奥Ａ子先生の、レターセットやノートなどが、ふろくで毎号ついていたのをよくおぼえています。

イラストがきれいで、文字づかいもおしゃれで、ローマ字で「ｂｙ　ｙｕｍｉｋｏ

90年10月号

よしずみ・わたる　6月18日生まれ、ふたご座、A型。東京都出身。1984年りぼんオリジナル初夏の号「ラディカル・ロマンス」でデビュー。代表作に「ハンサムな彼女」「ママレード・ボーイ」「ミントな僕ら」等。

ｔａｂｕｃｈｉ」なんてスタイリッシュに書いてあったんです。わたしは組み立てふろくよりレターセットやメモノートなどが好きで、とくに田渕先生のレターセットが記憶に残っていますね。

生まれて初めて読んだまんがは、父がもっていた手塚治虫先生の「鉄腕アトム」でした。初めてまんがを買ってくれたのも父で、浦野千賀子先生のマーガレットコミックス「アタックＮｏ．１」第１巻です。そして、初めてまんがを描いたのは幼稚園のとき。姉に「描こう」と誘われて、紙芝居のような一枚絵を描きました。

小学低学年のころには、金髪で三頭身のチーちゃん人形をモデルにした「チーちゃん物語」を、わら半紙に鉛筆でたくさん描きましたね。いつもは姉のほうがいい人形を買ってもらえるのに、チーちゃんは小っちゃかったので、母が姉妹に同じものを買ってくれたんです。主人公は、妖精タイプのチーちゃんも加えた三つ子にして、〝長女が妖精で魔法が使える〟という設定でした。姉はスパイものや怪盗ものを描いていて、いっし

89年7月号

93年5月号

90年5月号

90年9月号

よにとじて冊子にしてたんですよ（今も実家にあるかなあ……）。

高校時代にも鉛筆で描きつづけて16ページのストーリーまんがを仕上げたけれど、ちゃんと描くのは大学に入ってからと決めていました。そして、大学に合格した1年の冬に描いた「ONE DAY…?」で新人賞に応募して、佳作をいただきました。

大学2年になって「ラディカル・ロマンス」でデビュー。84年4月号です。

初めてのふろくは、りぼん初登場・初連載だった「四重奏《カルテット》ゲーム」のつぎに「ハンサムな彼女」を連載しているときです。会社をやめてまんが家専業になった直後の、89年1月号で、デビューしてから5年たっていましたね。

それからは、「ハンサムな彼女」の未央、「ママレード・ボーイ」の光希、「君しかいらない」の朱音、「ミントな僕ら」ののえる&まりあたちを、シール、レター、メモ、ノート、ピンナップ、バッグ、BOXなど、ふろくのためにほとんど毎月描いていました。

じつは、りぼんの新人賞に投稿したのは、ふろくのイラストをやってみたかったからという

91年11月号

98年8月号

91年8月号

96年5月号

気持ちも大きかったんです。ですから、ふろくの仕事はどれも楽しかったですよ。

ふろくは、まんが原稿より進行がはやくて、だいたい発売月の半年前に依頼がきました。はじめのころ、打ち合せは、集英社の会議室でよくやっていましたね。

担当のUさんが「お花屋さんの絵にしたいと思うの」なんて言いながら、お花屋さんの資料と見本になるようなモノをそろえておいて、「ここと、ここと、ここと、ここと、あ、ここにも絵が入れられるんですけど」と説明してくれるんです。

トランプは、たいてい夏休み号につくから、冬の終わりから春のはじめに考え始めます。ひとつのマークのイラストを13枚描くのに、一週間くらいかけたかな。

「ファッション用語トランプ」（89年8月号）では、冬のファッションで、マフラー、アーガイルセーター、フェイクファー……。

「おしごとトランプ」（95年8月号）では、アイスクリーム屋さん、美容師、バイオリニスト、宇宙飛行士、八百屋さん、プロゴルファー……。たくさん描きましたねえ。

「花ことばトランプ」（93年8月号）はよくおぼえています。すみれの花の下にいるミ

93年2月号

93年10月号

92年8月号

ニキャラや、白いからたちの花にさがったブランコにチビキャラをのせたりして。お花を描くのはもともと好きでしたから、楽しかったなあ。

　クリスマスグッズやお正月号のカレンダーを描くのは、真夏の暑い盛り。ですから、12月になると、（あれ？　今ごろクリスマス？　とっくに終わってるのに）なんて、思っていましたね。カレンダーでは、着物を描くのが好きだったので、1月を担当したときには小さな十二支を散りばめたり、大きな花をあしらったりして、お正月気分の柄の着物にしていました。

　とってもうれしかった思い出は、初めてメインふろくを描いた、89年9月号の「ラブリーバッグ」です。

　それから、手帳もずっとやってみたかったので、90年1月号の「吉住渉の'90りぼんダイアリー」で初めて手帳のイラストを描けたときはうれしくて、一年間、大切にちゃんと使ってました。トマト柄のオーバーオールを着た未央のイ

92年7月号

91年1月号

93年8月号

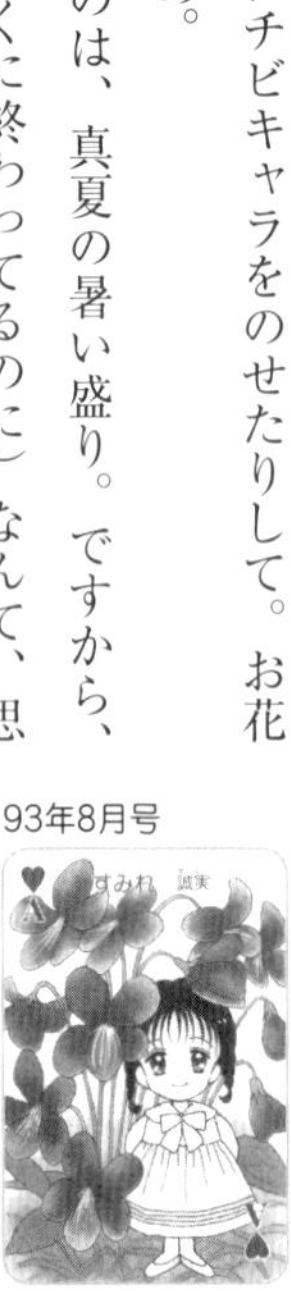

95年2月号

ラストでした。

いちばんたいへんだったふろくは、なんと言っても、「ママレード・ボーイ」の連載開始と同時に描いた「ハンドメイドノート」です。

表紙がポストカード、中は、ふうとう、びんせん、ポストカード、お楽しみカード、時間割、時刻表、名刺、カセットレーベル、しおり、お返事ちょうだいメモ、お知らせメモ、着せ替え光希ちゃん、それに光希ちゃんの切り抜きお洋服が7着、おまけにマスキングシートがついていて、ふきだしに書いたメッセージを上からはって隠せるようになっているんです。

ちょうど「ママレード・ボーイ」の連載を始めるときでした。でも、たいへんだったけど楽しくやりましたよ。気にいった絵もいくつか描けましたしね。

そうそう、担当はトマトちゃんだったんです（ねえ、トマトちゃん、こんなふろく描いたのは、きっとわたしひとりだよね。ぜんぶ描き下ろしだったし！）。

90年1月号

98年1月号

89年9月号

ふろくでは、キャラクターだけではなくて、模様やちっちゃなカットまで描いていました。運動会のから揚げや中華柄まであったんですよ。ギンガムチェックや花吹雪を手描きしたときもたいへんで、今ではCGで簡単にできちゃうような模様も、せっせと手で描いたんです。ギンガムチェックは「重なってるところがちゃんと濃くなってる」ってデザイナーさんが驚いてくれたそうです。

「動物を描いて」という依頼も多かったですね。わたしのまんがには、水沢めぐみさんの「姫ちゃんのリボン」にでてくるポコ太みたいな動物のマスコットキャラやチビキャラはいないから、「何か描いて」と言われると無理やり描く……動物なのにいつも眉毛まで描いちゃうんですよ（笑）。そのとき描いたイラストのうち、トリとネコとサルは、今「ママレード・ボーイ

94年5月号

00年10月号

99年1月号

92年9月号

97年9月号

ｌｉｔｔｌｅ」を連載中の「ココハナ」でも使っています。

ゲームやアニメでちびキャラのことを、ＳＤ（スーパー・デフォルメ）キャラと言うけど、当時は「ガキ絵」って呼んでいました。自分の絵を「ガキ絵」にするとき、すごく苦労したキャラクターはいなかったけど、光希はポニーテールが基本だったので、似合う服があまりなくてちょっと難しかったかな。未央のほうがいろんなかっこが似合って描きやすかったと思います。

〝匂いつき〟も人気アイテムで、レターセットやこすると匂いがするシールもあったなあ。「ママレード・ボーイ」のときはもちろんオレンジの香りでした。

今でも当時のふろくのびんせんやふうとうで、ファンレターをいただくことがあるんですよ。とってもうれしいですね。

01年1月号

94年4月号

01年6月号

6位

ふろくドキドキ度ベスト10

小箱・宝石箱

手のひらにのせていつまでもながめていたいような小さな箱たち。手箱、小箱、宝石箱、お化粧箱、小物入れ、貯金箱……ちっちゃなひきだしや、カギつきの小箱には、りぼんっ子たちの夢と宝物がいっぱいつまっていました。

「かわいい四つのひきだしには、カルタをいれたり、あなたの、小さなたからものをいれましょう」。最初の小箱、「りぼん姫手箱」（57年1月号）の底面にはこんな一文がありました。厚みが2センチほどの10センチ四方ほどの正方形の箱で、大人のゆびではつまみにくいほど小さなつまみの引き出しが四つついています。上面は水色に金ぶちで青い目をした人形のような少女と、リボン、花、トランプが描かれていました。

93年10月号

65年9月号

「羽子板小箱」（59年1月号）はその名のとおり、羽子板の形の箱です。内藤ルネ先生のイラストで晴れ着と日本髪は木目込み人形のように布をはりつけてあり、髪には華やかにピンクと白の花を散りばめて、持ち手が黒のフェルト製の、こったつくりです。

ふろくんの採点

胸キュン度 ♥♥♥
女の子度 ★★☆
こだわり度 ♠♠♤

60年代は、宝石箱のオンパレード。りぼん、金、王女さま、女王さま、おへやがふたつ、花、プリンセスなどきらびやかな名前がついた宝石箱がずらり。その後は、「一条ゆかりのジュエリーボックス」（78年1月号）、「池野恋のランゼジュエルボックス&ネーム・タグ」（87年3月号）、「池野恋の愛良ちゃんジュエリーボックス」（93年10月号）、「椎名あゆみのせあらちゃん　ウキウキジュエリーボックス」（97年11月号）とひきつがれてゆきます。

　おもしろいことに、プリンセス宝石箱の翌年68年にはプリンセス貯金箱なんてふろくもあるんですよ。夢も現実もプリンセスには、両方とも必要なんですね。というわけで、貯金箱をさがしてゆくと――。80年代は、「池野恋のＹＯＫＯイヌのおやすみ貯金箱」（85年9月号）、お獅子の口がパカンとあくとコインを入れる穴がある「高田エミのシロちゃんお獅子バンク」（89年1月号）、90年代には、「ちびまる子ちゃんめざせ百万円！貯金箱」（92年1月号）なーんて超ビックリのネーミングもありました（ホントに百万円が入るわけじゃないけどね）。「大塚由美の吹雪ちゃん　父の日ちゃっかり貯金箱」（93年6月号）は、お父さんに感謝の気持ちでお手伝いしたらおこづかいをねだっちゃおうっていうガッチリさん向け貯金箱。「高須賀由枝のりえちゃん秋色♥パズル貯金箱」（94年11月号）は芸術の秋らしく、秋の夜長に立体ジグソーパズルで貯金箱を組み立てよ

75年3月号

80年3月号

81年6月号

うという、アートな気分のふろくです。秘密を守ってくれるのも小箱のうれしい機能。92年10月号「矢沢あいの翠ちゃんカギつきないしょボックス」は、ピンクの箱型ケースにカギ穴からカギそのものまですべて紙製の組み立て式ながら、きちんとカギがかかるすぐれものでした。

変幻自在の箱は、季節感もたっぷりです。1月号は貯金箱が定番ふろく。2月号といえばバレンタイン。「バレンタインペアペアケース」（72年）は、ふつうに見ると二段の引き出しつきケースのようで、じつは開いて立てると写真たてになるしかけ（ふたりの写真をいれてパタンと閉じると、チューしちゃうかもね）。イラストは土田よしこ先生でした。86年「本田恵子のバレンタイン・ボックス」は、真っ赤な六角形の箱に板チョコ、チューブのチョコなどが美味しそうに描かれています。「種村有菜　満月をさがして　バレンタインプチボックスセット」（03年）は、ハート型でかわいい取っ手の小箱が三つもついて、バレンタインで大活躍しました。

90年11月号

89年1月号

91年5月号

95年1月号

85年6月号

3月号は、おひなさま。「水沢めぐみの姫ちゃん　おひなさまBOX」（92年）は、小物入れにもなるアイデアおひなさまでした。姫ちゃんのおひなさまを真ん中から左右にひくと、ヘアピンやクリップをいれるのにちょうどいい小物入れになっています。台紙のおひなさま部分を切りはなした真ん中の部分が、必勝合格祈願の絵馬とお守り3点セットになっていたのも、思いがけないプレゼントでした。

7月号は七夕。「吉住渉ののえる&まりあ　七夕ボックス」（99年）はふたに透明セロハンで五つの窓がある星形の小箱。表面にはのえるとまりあ、たんざくや笹の葉、お星さまが可愛くちりばめられ、そのうえ内側の十二星座の記号模様がうれし涙モノです。

00年11月号

92年2月号

94年2月号

78年8月号

87年12月号

94年1月号

勉強机の上や枕元においていたふろくの小箱たち――「実家のどこかにまだきっとあるわ」というりぼんっ子姉さんも、おおぜいいることでしょう。

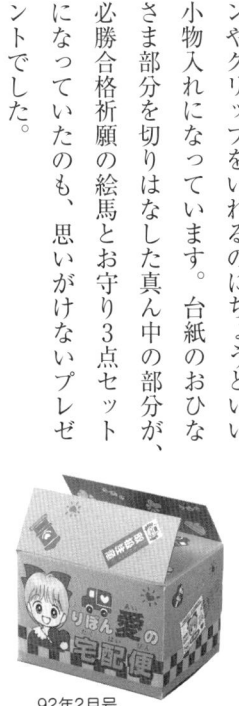

トマトのつぶやき

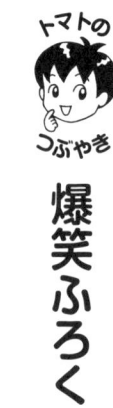

爆笑ふろく

りぼんのふろくに「ブーブークッション」がついたことがありました。

　その名も「へんな子ちゃんセット」（68年8月号）。「へんな子ちゃん」は、当時、赤塚不二夫先生が本誌に連載していた、超能力をもった小学生の女のコが主人公のギャグまんがです。

　セットは、全部で七つ。すわるとおならの音がしちゃう「プップークッション」のほかに、ぜったいうまくいかないゲーム「いじわるゲーム盤」、ケチなコにピッタリのさいふ「舌出しコイン入れ」、ジュリーが君だけにほほえむ「いじわるブロマイド」、すっごいウインクでハートをドッキリ「ウインクキャラメル箱」、ゾーッとして寒くなる新案うちわ「スリラーうちわ」、ヘン顔だらけ「いたずらシール」がありました。

91年11月号

　変身メガネも笑えたよね。「岡田あ〜みん・浦川まさるのお父さん・九太郎の変身めがね」（88年2月号）は、組み立てるとちゃんと折りたたみもできるスグレモノです。

　それから、ぶっちぎりの爆笑モノは、「岡田あ〜みんのこいつら100％伝説モンタージュ顔占いセット」（91年11月号）。口・鼻・目の順に顔型に差し込んでいくと、いろんな顔ができあがるしかけです。作った顔で、その人の運勢がうらなえました。

　こういう爆笑ふろくは、編集部でためしに使ってみるときに笑いが止まらなくて大変だったなー。

7位

ふろくドキドキ度ベスト10

お部屋のインテリア

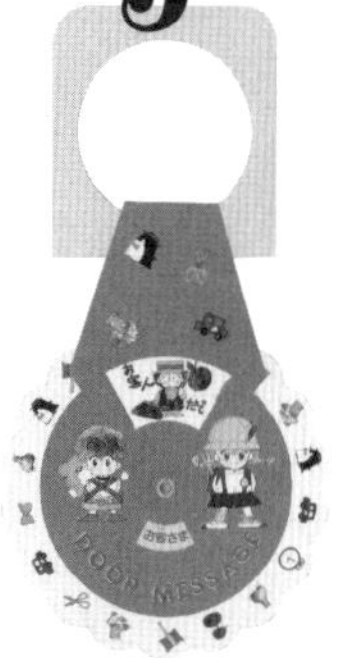

85年2月号

朝も夜もアイドルをながめていたい。ぐちゃぐちゃの机をスッキリしたい。りぼんがはいる箱がほしい。かわいい写真たてがほしいよォ！

こんなお悩みを一度に解決してくれたのがりぼんのふろくでした。

りぼんっ子のお部屋をきれいに飾るインテリア――、壁にはカレンダー、ポスター、パネル、かべかけ、ボード、机の上には絵皿、レターラック、マガジンラック、ブックエンド、卓上カレンダー、写真たて、写真たてにいれるブロマイド

80年7月号

80年7月号

……部屋中ぜーんぶりぼんのふろくでもだいじょうぶなくらい、いろんなアイテムが盛りだくさんです。

まずは、カレンダー。「りぼんちゃんかれんだー」（56年5月号）にはじまり、ほぼ毎年、時代ごとのりぼんアイドルが元気に美しくカレンダーになっています。

70年代は、「人気まんが家ファッションカレンダー」（71年1月号）、「森田健作超大型カレンダー」（73年1月号）、「ガロとひろみのぶらぶらカレンダー」（74年2月号）、「陸奥・篠崎・佐藤・太刀掛・

ウとママの採点

胸キュン度 ♥♥♡

女の子度 ★★★

こだわり度 ♠♠♠

小椋・一条のビューティフル・カレンダー」（79年7月号）。80年代は、星座別の365日うらないがついた「'83ランゼカレンダー」（83年1月号）、「まんが家7人の'84りぼんカレンダー」（84年1月号）など。

90年代には、お正月号に加えて、8月号にも夏休み日めくりカレンダーがつくようになります。91年「吉住渉の未央ちゃん」、92年「池野恋の愛良ちゃん」、93年「椎名あゆみの友香ちゃん」、94年「藤井みほなのエリカちゃん」、96年「藤田まぐろのミモリちゃん」と、夏休みになると毎日ぺりっとめくるのがお楽しみになりました。

93年1月号の「'93りぼんイラストブックカレンダー」は、一年間カレンダーとして使ったあとに右側の数字の部分を切りはなせばきれいなイラストブックになるしかけ。一年が過ぎても「捨てるなんて、イヤ！」だったから、うれしいアイディアでしたね。

80年7月号（3枚とも）

お次は、あこがれアイドルのポスター、ピンナップ、ブロマイド。

りぼんのアイドルは、75年をさかいに、がらりと変わります。

75年以前は、アイドルと言えば、古くは映画スターたち、そしてグループサウンズや、山口百恵などの歌手たちが中心でした。

いちばん最初にふろくになっ

たブロマイドは、「ブロマイドつき花の七曜表」（56年10月）です。台紙が二重になっていて花模様の上の紙が窓のように7か所開いて、下の紙のスターの顔（雪村いづみ、白鳥みづえなど）が見えるというこったしかけでした。翌年のブロマイドでは、浅丘ルリ子、美空ひばり、小鳩くるみがにっこりほほえみます。

　60年代のはじめは国民的アイドルと言

95年1月号（このページ全部）

えば皇室ご一家。「美智子さまアルバム」（60年4月号）などの美しいお姿を、うっとりしながらありがたく拝見しました。

　60年代の終わりから70年代前半は、実在のアイドルが続ぞくとふろくに登場。ジュリー、ショーケン、ピンキー、郷ひろみ、アグネス・チャン、フィンガー5、など。まんがのイラストのポスターは、一条ゆかり、もりたじゅんの両先生のがあります。ところが75年以降はそれが逆転し、ポスターのほとんどが実在のアイドルではなく、人気まんがの主人公や描き下ろしイラストとなっていきます。

ともあれ、等身大より大きいアイドルの写真ポスターや、人気まんがのイラストをバーンと壁にはると、本誌では味わえないぜいたくな気持ちになったなあ。

立体モノでは、ポッケつきかべかけは重宝したし、レター類やカセット・CD・りぼんのはいるラックが、お部屋の整理に大活躍。ブックエンドは小物入れやエンピツたてにもなっていて、「池野恋のときめきハウス型ブックエンド」（85年10月号）はピンクのおうちがふたつにわかれたかたちで、青い屋根をあ

81年10月号

80年10月号

84年10月号

けると小物入れになっていて、ひとつひとつつりさげることもできました。「吉住渉の光希ちゃんバンドブックエンド」（92年11月号）も、両方が箱になっていてペンやメモ用紙が入れられました。
まだまだあります。「空くんのドア・メッセージ」（80年2月号）や折りたたみ式の「空くんるんるんハンガー」（80年7月）はずっとながめていたいかわいさ！
あ〜、もっともっと話していたいよー。

うとママのつぶやき

ちゃっかり袋

りぼんっ子だって、お金は大事。年に一度のお年玉をもらうまでじっと待ってるばかりじゃありません。

60年代から「お年玉ぶくろ」は、定番ふろくになっていましたが、80年をすぎると、どんどん攻めるお年玉ぶくろになっていきます。この袋を大人にわたして、「これにお年玉を入れてください」とおねだりするのですね。

80年代は「お年玉くださいorくださーい袋」で萩岩睦美、樹原ちさと、水沢めぐみの先生方、90年代になると、「お年玉おねだりorよろしく袋」になって、池野恋、椎名あゆみ、小花美穂、藤田まぐろの先生方が、ラブリーなイラストを描いています。

95年1月号

そして、もらったらしっかり記録しておきましょう、ということで、毎年つく手帳にはおこづかいメモのページがたいていありました。おこづかい帳そのものもあって、「吉住渉ののえる&まりあ」(99年1月号)、「高須賀由枝の奈緒ちゃん」(01年1月号)などです。

〝ちゃっかり〟が天文学的な金額になったのが、93年1月号の「矢沢あい・椎名あゆみの翠ちゃん・楓ちゃんジャンボお年玉袋セット」でした。楓ちゃんが一兆円、翠ちゃんが一億円のお札の顔になって、「お年玉くださーい!!」とおちゃめに笑ってます。

8位

ふろくドキドキ度ベスト10

うらない・おまじない

ボーイフレンドやクラスメイトとの相性、ことしの運勢、ラッキーとハッピーの両方をどうしたらいっぺんにゲットできるか。その傾向と対策を教えてくれるうらないに、りぼんっ子はいつも夢中です。

うらない関連のふろくには、大きく分けて冊子、カード、うらない盤などがあります。うらなう方法は、星座、血液型、風水、顔相、手相などさまざま。うらない師の先生監修のもとに、古くはそろばんから、うらない盤、トランプ、花、誕生石、人形、ティーカップ、書き初め、ぬりえ、水出しといった、バリエーションが次々に登場しました。

もっとも古いのは［三つのうらない］（61年4月号）で、ゆび・スター・なまえ、の三つのうらない方法を紹介するマッチ箱くらいの豆本が3巻セットになっています。

70年代には、くるくる回してうらなう［新案ダイヤル式人生うらない］（70年4月号）が初登場。うらないより科学的？な［スライド式ラブラブテスター］（70年

94年10月号

88年7月号

トマトの採点

胸キュン度 ♥♥♡
女の子度 ★★★
こだわり度 ♠♠♤

11月号）なんてスグレモノもあらわれます。上段に健康・職業運をあてる「好きなスポーツ」、下段に性格・金運がわかる「将来住みたい家」が6コマずつあって、それぞれ選んでスライドさせて窓に出てきた2色の組み合わせで「あなたにピッタリのBF」がわかる仕組みです。

80年代に入ると、「マリー・オリギンのトランプ占い」（80年8月号）や「陸奥A子の星占い　相性スピード診断」（80年11月号）、「香澄ちゃんホロスコープダイヤル」（88年7月号）、「池野恋のときめき相性チェック・ディスク」（88年11月号）などがつきました。

95年6月号は、梅雨の季節にピッタリの「大塚由美の青子ちゃん恋のラッキーあじさい占い」。その日のラブ運がわかる花うらないで、あじさいの花の形の紙をひとつずつきれいに折って好きな花を一輪選んで水に浮かべてゆっくり待つと、花が開いて中に今日のラブ運が書いてある、乾かしたら何度でも使える、というスグレモノでした。

95年10月号「藤井みほなのエリカちゃん占いミニブック」は、一枚の紙を山折り谷折りしていくと一冊の小さな絵本になる仕組みで、エリカちゃんが主人公の

77年7月号

94年1月号

94年1月号

02年4月号

豆本

片手に入っちゃうぐらいの小さい本のこと。長〜い歴史があるんだって。ふろくにもたくさんつきました。

絵本を読んで質問に答えていくと自分自身のことが「おおーっ！」とわかるおもしろ本です。

新しいクラスや席がえなどで不安な新学期も、ふろくのうらないでバッチリでしたね。

ほかにも、うらないはふろくのいたるところについています。カレンダーの最後のページにはほとんど今年の運勢がついていたし、星座別365日うらないがついたこともあります。日記帳にも、運勢や、ラッキーアイテムを教えてくれるコーナーが必ずのようについていました。

88年7月号

94年1月号

70年11月号

また、台紙からシールをはがすとうらないがでてくるのは、りぼんのふろくの超ジョーシキ！　61年4月号「しあわせシール」で、「シールのきりはなしたぶぶんをめくってみると、下にしあわせをうらなうことばがでてきます。」とうらないつきシールが登場し、ずっと変わらず人気アイテムになっています。とくに、70年代後半には恋をうらなう88枚ひと組のシールが毎年のようについていました。「うらないの効果はシールをはがしてから一週間」がおきまりでしたね。もうひとつ、〝銀はがし〟も、忘れちゃいけないうらないアイテム。コイン片手にせっせとこすった思い出深いふろくです。

お正月号の開運シール、おまじないなどのラッキーグッズもりぼんっ子は大好き。89年の「新年おめでとうおたのしみセット」には、初夢がいい夢になるように願いごとを書いて枕の下におく「柊あおいの初夢枕」、「開運招福　恋愛成就」と書いてあるまるちゃんとおねえちゃんのあねさま人形に千代紙みたいな柄の着物を着せてしおりにできる「さくらももこの開運姉さま人形」、「吉住渉の開運カード」などがついていました。

開運・おまじないシールのお願いごとは、いつも堅実で真剣そのものです。寝坊しないようにと「おねぼうさんたいさんシール」、ステキな少女になれますようにと「ステキ少女シール」、「旅行安全」「厄除け」「合格必勝」「恋愛成就」「交通安全」などのことばが並んでいます。

90年4月号

82年6月号

79年2月号

開運・おまじないシールをはってもなかなかうまくいかないのが恋のゆくえ。うらないは、いい結果がでるまであきらめないのがあたりまえで、自分の恋も、親友の恋の悩みをうらなうときも、うらない盤をなんどもくるくる回したり、シールをちょっとめくって気に入らないとまたもどしたり、必死だったなあ。

9位

ふろくドキドキ度ベスト10

ノート・手帳・メモ帳

200冊くらいのノート、100コくらいのメモ、40冊くらいの手帳、そして40冊くらいある日記とダイアリー……。

「かわいいッ!」と思わず抱きしめたくなるような表紙がついていて、そのうえ、開いても開いても、まっ白いページはほぼひとつもない! これぞ、りぼんのふろくパワーです。

最初のノートは、ビニール製のパス入れにすっぽり入った「パス入れ型ビニールノート」(59年1月号)でした。2冊目は「トモ子ちゃんのブロマイドつき豆ノート・ブローチ」(59年4月号)で、タテ55ミリ・ヨコ50ミリほどのミニ・サイズ。上品な青色をした厚手のビニールカバーに包まれた豆本ふうのノートに、ピンがついていてブローチになっていました。

手帳は60年12月号「白雪手帳」、日記は63年1月号「マキちゃん日記」、メモは65年7月号「マスコット・ノート 山のメモ・海のメモ」がいちばん古いふろくです。

92年12月号

90年12月号

90年4月号

ふろくんの採点

胸キュン度 ♥♥♥
女の子度 ★★★
こだわり度 ♠♠♤

ノートは、70年代になると、「一条ゆかりメモノート」（71年4月号）が登場します。「五郎とヒデキのアイドルメモノート」（73年9月号）、「美代ちゃんとマコちゃんのヤングメモノート」（73年10月号）などの青春アイドル時代をへて、70年代後半からは、いっきに〝乙女ちっく〟の時代へ。75年11月号「陸奥A子のアイビーノート」をはじめに、田渕由美子、一条ゆかり、篠崎まこと、太刀掛秀子といった先生方がイラストを描き下ろす、アイビー、ファンシー、メルヘン、ロマンチック、乙女ちっくと名のついたノートが登場しました。

80年代になると、ペア、トリオ、カルテットと一度に何冊もノートがつくようになります。初代ペア・ノートは「萩岩睦美のゴールド・ノート／小田空のシルバー・ノート」（82年5月号）で、「池野恋のランゼ・ノート／萩岩睦美のポー・ノート」（83年4月）、「池野恋の曜子ショップノート／水沢めぐみのかんごふさんノート」（86年9月号）、「池野恋のなるみちゃん　英語のおべんきょノート／さくらももこのまるちゃん　人生すごろくノート」（89年4月号）と息をのむようなラインナップです。

90年8月号

80年2月号

89年8月号

87年12月号

90年代になると、おふたりの先生によ

アイビー

１９６０年代ごろからアメリカで流行したファッションのこと。ちょうど、乙女ちっく時代のイラストで使われることが多かったので、ふろく用語にもなりました。

る〝かわいい×2〟はますますパワーアップ。［吉住渉の未央ちゃんスクールデイズ・ノート／さくらももこのまるちゃんハッピータイム・ノート］（90年4月号）、［水沢めぐみの姫ちゃんレッドノート／吉住渉の未央ちゃんピンクノート］（90年12月号）……95年5月号［りぼんカラフルノートセット］では、ふろくではじめて、中がカラーのノートが2冊セットになりました。世界中を旅する［紗南ちゃんワールドノート］とお出かけ前の持ち物チェックができる［りりかちゃんモーニングノート］です。

　94年3月号は、卒業のお別れシーズンに必要なものが全部そろったような、［矢沢あいの翠ちゃん思い出セット（思い出ファイル・思い出アルバム・サインノート）］・［吉住渉の光希ちゃんこうかん日記］がふろくになります。そう言えば卒業シーズンの3月号には、思い出セットやサイン帳セットが毎年のようにつきましたね。

　2000年代は、キラキラ・デコが満開！［槙ようこ　ゆずゆちゃん　きらきら★こうかんノート］（04年10月号）、［春田なな　チョコレートコスモス　ハッピー☆デコノート］（08年3月号）など、まるで宝石みたいです。冊数も、［りぼ

76年4月号

75年5月号

79年5月号

86年8月号

83年1月号

ん★スーパーノート★コレクション　ノート9冊　日記1冊」（07年5月号）で10冊を記録。「オールスター★見出しシール」までついたオドロキのゴーカさでした。

お正月と新学期の号のお楽しみは、便利な手帳です。手帳を開くと、書きこみスペース以外にも、りぼんっ子が必要な基礎知識や、まんが家の先生方の秘密までこっそり教えてくれる、役に立って、オモシロい万能手帳でした。66年7月号「りぼんマスコット手帳」から60年間で30冊ほど、りぼんと名のつく手帳があります。

75年2月号

01年6月号

93年4月号

95年4月号

メモ帳も使いましたね。特に印象深いのは、「ゆかりのデラックス100枚メモ」（75年1月号）や、「のがみけいのロングロング・メモ」（76年7月号）、「陸奥A子のスライディングメモ」（78年7月号）、壁にはるとゆらゆらゆれて忘れンぼさんの強い味方になった「矢沢あいの翠ちゃん&藤井みほなのエリカちゃんゆらゆらメモ」（94年5月号）などなど。水にぬらすと溶けてなくなる、ひみつメモもありました。みーんな楽しかったなあ。

88年9月号

うとママのつぶやき

ソノシート

創刊から60年代にかけて、レコードはまだ少女たちにとってあこがれのアイテムでした。本当のレコードは自分のおこづかいではとても買えませんから、りぼんではLPレコードの形のかべかけやバッグをふろくにしています。62年12月号ではクリスマスソングのレコードがふろくになってりぼんっ子たちは大喜び。レコードとはいえ、赤くてうすいぺらぺらの、ソノシートと呼ばれていたモノです。「魔法使いサリー」（67年8月号）、舟木一夫さんと内藤洋子さんの声の年賀状「スターレコード」（68年1月号）、「人気まんが家ディスクジョッキーレコード」（71年5月号）など、ソノシートはぜいたくなふろくとして喜ばれました。

70～80年代はカセット・テープに使うカセット・レーベルが、そして90年代にはCDボックスやラベルシールがつくようになります。創刊50周年を記念した05年5月号のふろくは、トキメキお宝さがしゲームや、うらないの部屋、オリジナルのめいしやびんせんがつくれるプリント遊びなどがひとつになった遊びごたえのあるCD－ROM。CDファイル、マウスパッドにもなるミニしたじきなどもついた豪華なふろくでした。

2010年代には、ついにDVDがふろくになりました。12年9月号の「スペシャルDVDりぼんフェスタ!!」です。

79年10月号

ふろくドキドキ度ベスト10

10位 バッグ

ランドセルやスクールバッグだけじゃ、りぼんっ子の持ち物はとても収まりません。

ふわふわした素材の小さなポーチや、大好きな先生の描き下ろしイラストがうれしい大きな紙袋、ビニールバッグやトラベルポーチなど、季節にあったベンリ機能とおしゃれ心を両方ゲットできる夢のアイテム。それがりぼんのバッグです。

バッグがふろくに初登場したのは、創刊5か月目の56年1月号、お正月を迎えるのがうれしくなるような「こけしてさげ」でした。愛らしいこけしのイラストをちりばめた厚紙製の四角いバッグ。じつは、立体モノのふろくとしては、これが、りぼんのふろく史上いちばん古いグッズとなります。

80年2月号

89年5月号

88年9月号

60年代は、お正月号に定番でおでかけバッグがついています。お母さんが持っているようなハンドバッグがあこがれで、ちょっとおすましするとき用のおしゃまなバッグです。

70年代ちかくになると、デート、ピク

うとママの採点

胸キュン度	♥♥♡
女の子度	★★☆
こだわり度	♠♠♠

ニック、ランチなどのバッグが登場。水森亜土先生、陸奥A子先生、一条ゆかり先生、大矢ちき先生のデートバッグやピクニック、ランチボックスが人気でした。

彼のために、手作りサンドイッチを徹夜でつくってランチボックスにつめたって人もいるんじゃないかしら。

りぼんっ子を意味する「りぼにすと」ということばも70年代に登場し、バッグでは「陸奥A子のりぼにすとバッグ」（78年9月号）が登場します。

80年代になると、よりファンシーなイラストに包まれ、何を入れるかは自由な発想で楽しめる、さまざまなバッグがでてきます。「田渕由美子のミルキー・バッグ」（80年1月号）、「小椋冬美のクリーミィー・バッグ」（81年4月号）、「太刀掛秀子のメルヘンバッグ」（81年11月号）、「萩岩睦美のポー・オーケストラ・バッグ」（83年11月号）、「本田恵子のりお・ハッスルプレー・バッグ」（84年4月号）などです。

90年代のバッグのキーワードは〝ツルピカ〟。ぶどう狩りのイラストが愛らしい「愛良ちゃんグレープバッグ」（92年

80年8月号

87年3月号

90年7月号

93年7月号

9月号）、カラフルでりぼんがすっぽり入る［光希ちゃん　ホップ・スキップ・バッグ］（93年9月号）、［彩花みんのチャチャおしゃれバッグ］（94年4月号）——ぜーんぶ、水に強いツルピカ加工で安心でした。

2000年代には、08年9月号からスタートしたRibon Collectionの［酒井まゆ MOMO　ピンキー・RIBONポーチ］がひときわ目を引きます。大きめのポーチの真ん中をベルトでしめるとRIBONに早変わりする胸キュンなデザインです。

ここまで読んで「大事なバッグがまだ紹介されてないよぉー」と思ったりぼんっ子は、まちがいなく大のふろくファン。

94年4月号

03年2月号

96年10月号

さて、何でしょう。そう、サマーバッグです。

梅雨のジメジメした時期に会えるサマーバッグは、「もうすぐ夏休みだよー」ととびきり大きな声で元気に言ってるみたいでした。

青と白のストライプで縦40センチもある［池野恋のなるみちゃん　海大好きバッグ］（88年7月号）、肩掛けタイプのストッパーつき［翠ちゃんスイムバッグ］（93年7月号）、まんまる底の［チ

ツルピカ加工

紙に印刷した上に、さらに特別な加工をして、つるつるピカピカさせること。やぶれにくくなるし、水にも強くなるから、紙のバッグによく使ったよ。

ふろくんの@検索

79年10月号

ヤチャ　わくわくビーチバッグ」（94年7月号）、そして、「小花美穂の紗南ちゃんサマーバッグ」（95年7月号）は、半透明のさらっとした肌ざわりの気持ちいい新素材で、ショルダーとリュックの2ウェイタイプです。そういえば、2ウェイバッグは、りぼんのふろくのお家芸。59年7月号でとっくに登場しています。その名は「サンマーバック」（まちがいじゃないよ）。上品なピンクの革っぽい

80年6月号

ビニール製で、トートとセカンドタイプのふたとおりのかたちになるスグレモノです。

もっと便利に、もっとおしゃれに、りぼんっ子たちがもっと胸をはって歩けるように、りぼんがふろくにかける情熱は、創刊から60年間、まったく変わらず熱いんです！

97年4月号

第2章

わくわくの全ふろくリスト 1

創刊号から1989年までのふろくのリストです。
なつかしかったり、驚いたり、楽しみ方いろいろ！

1955(昭和30)年

9月号
◆銀の別冊　昭和名作漫画「こっくりさん（塩田英二郎）」◆金の別冊　世界名作えばなし「イソップ（表紙　長谷川露二）」

10月号
◆金の別冊「しんでれらひめ（滝沢みち子）」◆銀の別冊「ぴぴちゃん（手塚治虫）」

11月号
◆金の別冊「しらゆきひめ（のざわかずお）」◆銀の別冊「ながぐつゆうとうせい（牧野大哲／宮坂栄一）」◆りぼんしおり

12月号
◆世界名作「あかげのあん（内田まり子）」◆名作まんが「ぽっくりちゃん（入江しげる）」◆クリスマス・カード

55年9月号

トマトのつぶやき

創刊のころ

りぼんの創刊は、1955年9月号。ふろくは、創刊号からなんと毎号ついているよ。最初のころついたのは、「新しい構想のまんが」と、「世界の名作や偉人伝の読み物」の2冊の別冊ふろく。2冊とも表紙が固いすごくしっかりした作りでびっくりしちゃった。3号目から別冊以外にグッズがついて、しばらくは別冊とグッズが両方ついています。このころどんなグッズがついていたかというと、しおり、したじき、カレンダー、ケース、クリスマスセット、レターセット…なんと60年間、変わってない！

本誌には「おかあさまのページ」があって、どんな雑誌にしたいのかを編集スタッフが一生けんめい説明しているのが面白いね。お母さんもいっしょに読んでほしいという思いも、今と変わらないみたい。

創刊号の表紙

1956(昭和31)年

1月号
◆金の別冊「おやゆびひめ（鈴木光明）」
◆銀の別冊「あんみつひめ（倉金章介）」
◆こけしてさげ　くみたて

2月号
◆銀の別冊「続あんみつ姫（倉金章介）」
◆映画えばなし「かわいいおてんばむすめ（和地三平）」◆勝山先生のおしゃれブック◆りぼんグラフ

3月号
◆金の別冊「あしながおじさん（滝沢みち子）」◆銀の別冊「めぐみちゃん（入江しげる）」◆歌の別冊　りぼん三つのうた

4月号
◆世界名作「いえなきむすめ（南田鹿兵）」◆昭和名作漫画「くるくるくるみちゃん（松本かつぢ）」◆映画えばなし「おかあさんのこくばん（根岸こみち）」

5月号
◆世界名作えばなし「こぜっと物語（鈴木光明）」◆昭和名作まんが「てるてる姫（早見利一）」◆偉人えばなし「きゅーりーふじん（夏目十郎／

56年8月号

1956(昭和31)年

藤形一男）」◆りぼんちゃんかれんだー

6月号
◆世界名作「ばらの少女（内田まり子）」◆昭和名作銀の別冊「おたけさん（太田じろう）」◆おべんきょうまんが（南田はると／寺尾知文／根岸こみち）

7月号
◆世界名作「七夕ものがたり（松沢のぼる）」◆昭和名作「ぼんこちゃん（上田としこ）」◆りぼん夏のどうようしゅう◆おべんきょうしたじき

8月号
◆金の別冊「みなしごじぇーん（夏目十郎／藤形一男）」◆銀の別冊「ぴかどんむすめ（倉金章介）」◆夏やすみおた

1956(昭和31)年

のしみブック◆まめうちわ

9月号
◆りぼん文庫「若草ものがたり」世界名作◆こけし文庫1「あんみつ姫」◆こけし文庫2　りぼん百科「海」◆たのしいこうさく　おかざりケース

10月号
◆こけし文庫1「ながぐつゆうとうせい（牧野大哲／宮坂栄一）」◆こけし文庫2　りぼん百科「花」◆りぼん文庫「まほうのもりのパックちゃん（山内竜臣）」
◆ブロマイドつき花の七曜表

11月号
◆こけし文庫1「りぼんのうさちゃん（みなみよしろう）」◆こけし文庫2　りぼん百科「鳥」◆りぼん文庫「あんじゅとずし王（竹山のぼる）」◆シンデレラしおりセット

12月号
◆こけし文庫1「かすりちゃん（宮坂栄一）」◆こけし文庫2　りぼん百科「きもの」◆りぼん文庫「くるみわり人形（清浦ちずこ）」◆クリスマス・セット

56年12月号

1957(昭和32)年

1月号
◆りぼん姫手箱◆りぼん文庫「ひみつの花ぞの（入江しげる）」◆こばと文庫「まるみちゃん（野呂新平）」◆こけし文庫　りぼん百科「たのしいお正月」◆おたのしみセット◆ひよこカレンダー

2月号
◆「白菊ものがたり（三木一楽）」◆「あんみつ姫」◆りぼん百科「雪」◆きせかえセット　花よめにんぎょう

57年2月号

1957(昭和32)年

3月号
◆「雪の女王（清浦ちずこ）」◆「りぼん城ものがたり（益子かつみ）」◆りぼん百科「お人形」◆きせかえスタイルブック

4月号
◆「小公女（ねぎしこみち）」◆「かすりちゃん（宮坂栄一）」◆りぼん百科「春」◆アップリケ工作セット◆おべんきょう下じき

5月号
◆「アンデルセンどうわしゅう（寺尾ともふみ）」◆「まるみちゃん」◆りぼん百科「うた」◆ブローチ・セット

6月号
◆「アルプスの少女（夏目十郎／花房英樹）」◆「やんちゃカバ姫（夢野凡天）」◆りぼん百科「とけい」◆レター・セット

7月号
◆世界名作「ジャンヌ・ダルク（杵渕やすお）」◆「めぐみちゃん」◆花のかべかけ◆たなばたセット

8月号
◆「人形つかいのポーレ（清浦ちずこ）」◆「まるみちゃん」◆まわりどうろう◆しおりセット

9月号
◆まんが「白鳥の姫（杵渕やすお）」◆「悦ちゃん（原作獅子文六／つのだじろう）」◆おたのしみひまわりケース◆レコードかべかけ

1957(昭和32)年

10月号
◆りぼん文庫「さすらいの少女（杵渕やすお）」◆「松島トモ子ちゃんの　花さく日まで」◆くみきセット◆きれいなブローチ

11月号
◆りぼん文庫「やんちゃかばひめさま（夢野凡天）」◆「てんてんちゃん（原案倉金章介／高垣葵）」◆ビニールせいりぶくろ◆かたがみつき　きせかえ人形◆プロマイドかべかけ

12月号
◆りぼん文庫「うつくしい水車やの少女（とりうみやすと）」◆「めぐみちゃん」◆「ルパン（小山田三六）」◆クリスマスブック◆クリスマス セット

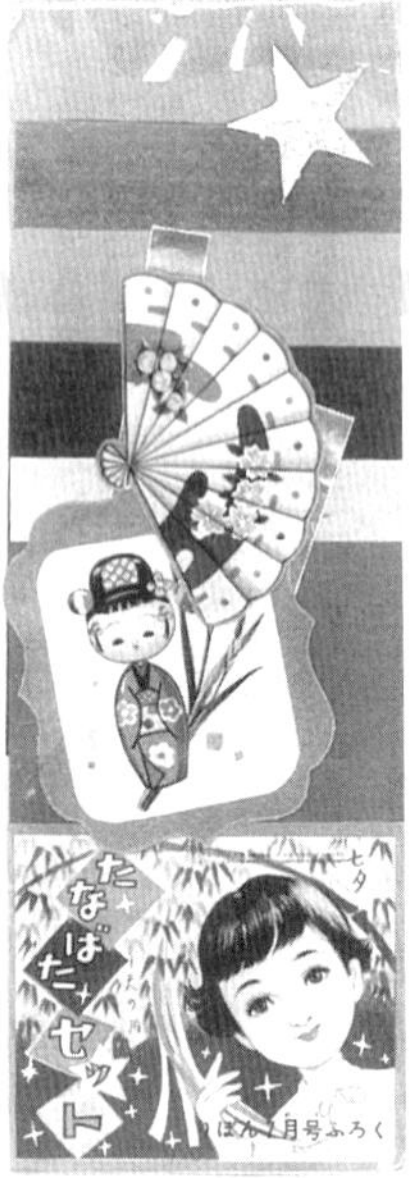

57年7月号

58年1月号

1958(昭和33)年

58年1月号

1月号
◆りぼん姫手箱◆「りぼん城ものがたり／アパートちゃん（水谷武子）」◆歌の花かご◆ビニールさいふ◆おたのしみセット

2月号
◆「まるみちゃん／サーカス少女（丹野ゆうじ）」◆「なみだの急行列車（杵渕やすお）」◆「シャボン玉天使（永島慎二）」

1958(昭和33)年

◆紙ばさみケース◆金のブローチ

3月号
◆「もも子探偵長（鈴木光明）」◆「母つばめ（彩田あきら）」◆「おかあさん（水谷武子）」◆「シャボン玉天使／ルリ子（丹野ゆうじ）」◆おひなさまセット◆おかいものぶくろ

4月号
◆「くじゃく笛のなぞ（とりうみやすと）／かすりちゃん／おかあさん」◆「やんちゃかば姫さま／ルリ子―ひとりぼっちのたび／シャボン玉天使」◆えんぴつけずり◆ブック・カバー◆バレエ絵はがきしおり

5月号
◆「紅ばら黒ばら（横山光輝）／おかあさん／めぐみちゃん」◆「ひまわりきょうだい（小沢あきら）」◆きれいな特製ブローチ◆内藤ルネ先生のびんせん◆シールとふうとう

6月号
◆とくべつふろく　トモ子ちゃんぼうし◆「まるみちゃん／ルリ子／おかあさん」◆「悦ちゃん」◆おたよりびょうぶ

7月号
◆特製こけしべんりセット◆「りぼん城ものがたり／おかあさん／悦ちゃん」◆「二丁目一番地（遠藤進一）」◆「デン助のようきなくつみがき」（とりうみやすと）◆ポケットつきかべかけ◆バレエ絵はがき

1958(昭和33)年

8月号
◆ビニールつなぎうでわ◆「おはよう！コロタン（藤山のぼる）／わたしのおかあさん（水谷たけ子）」◆「ももこ探偵長／カバ姫さまの夏やすみ日記」◆「悦ちゃん」◆夏やすみおたのしみセット

9月号
◆シンデレラ姫小箱　りぼんレターセット◆「おはよう！コロタン／おかあさん」◆「くじゃく笛のなぞ（鳥海康人）」◆「ぼんこちゃん」◆特製鏡つきブローチ

10月号
◆こけしボールペン◆「おはようコロタン／おかあさん」◆「そよ風さん、こんにちは（おざわさとる）」◆かえり◆「ピシャ子ちゃん（真下治）」◆バレエふうかんはがき

11月号
◆カチューシャかみかざり◆「まるみちゃん」◆「おはよう！コロタン／おかあさん」◆「ルミちゃん教室（つのだじろう）」◆おしゃれさいふ

12月号
◆「おはようコロタン／おかあさん」◆「もも子探偵長／とびだしたサンタさん（宮坂栄一）」◆りぼんひもネクタイ◆クリスマスレターセット

1959(昭和34)年

1月号
◆羽子板小箱◆「虹のかなたに（益子かつみ）」◆「おはようコロタン」◆マスコットカレンダー◆パス入れ型ビニールノート◆幸運のブローチ◆えはがき◆羽子板しおり◆人気ものあわせ◆マスコットシール◆まりもちゃんゲーム◆ジャンケンたまのりゲーム

2月号
◆ゴルフバック型鉛筆ケース◆おしゃれりぼん◆「おはよう！コロタン／まちがえター子ちゃん（松沢のぼる）」◆「ルミちゃん教室」◆「まるみちゃん／おおかみ谷の少女（井上のぼる）」◆きせかえはがき

3月号
◆おひなさま手箱◆マスコット飾り皿◆「おはよう！コロタン」◆「おてんば天使（横山光輝）」◆新案ビニールさいふ◆ルネ先生のスタイルぬりえ◆スタープロマイド

4月号
◆内藤ルネ先生のおしゃれバック◆トモ子ちゃんのプロマイドつき　豆ノートブローチ◆「おはよう！コロタン／まりっぺ先生（赤塚不二夫）」◆「めぐみちゃん」◆もも子探偵長　コロタンえはがき

5月号
◆羽根ボールペン◆子犬のブローチ◆

1959(昭和34)年

「おはよう！コロタン」◆「虹のかなたに／まりっぺ先生」◆「ルミちゃん教室」

6月号
◆オールビニール製りぼんケース◆「おはよう！コロタン（藤山のぼる）／さっちゃんてくおくんの世界旅行（水谷武子）」◆「まりっぺ先生」◆スタイルびんせん◆ルネ先生のふうとう◆ビニール・アップリケ◆皇太子さまご結婚記念マスコット・シール◆トランプがた時間わり◆トモ子ちゃんシール

7月号
◆サンマーバック◆「おはよう！コロタン／もも子探偵長」◆「まりっぺ先生」◆「どろんこ天国（山内竜臣）」◆マスコット写真たて◆ちょうちょレター◆お人形しおり

8月号
◆りぼんプリンセスハット◆「おてんば

59年6月号

1959(昭和34)年

天使」◆「まりっぺ先生／おはよう！コロタン」◆かわいい動物だより◆夏やすみ天然えはがき◆マスコット型紙

9月号
◆大流行のネット型スタア・バック◆りぼん七色バレエしおり◆「白鳥のねがい（原案二反長半／牧かずま）／星のふる町（多久まこと）」◆「まりっぺ先生／やりくりアパート（藤木輝美）」◆かわいい動物だより◆新案りぼんレター

10月号
◆おしゃれセット◆「おてんば天使／やりくりアパート」◆「まりっぺ先生／星は呼んでいる（藤山のぼる）」◆かわいい動物えはがき

11月号
◆マスコット手箱　◆お花のポスト◆「白鳥のねがい／マコの黒板（くぼたまさみ）」◆「まりっぺ先生／やりくりアパート」◆りぼんブックカバー◆11月のカレンダー

12月号
◆スクールバック◆クリスマスセット◆「おてんば天使」◆「やりくりアパート」◆特製クリスマスカード

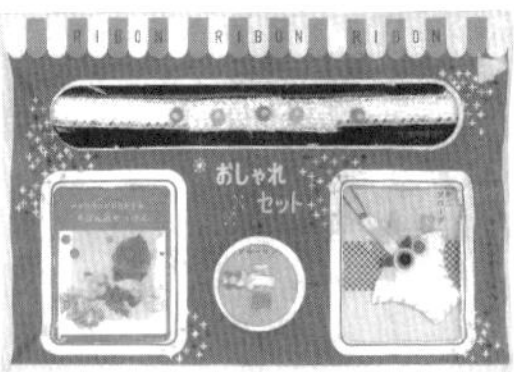

59年10月号

60年1月号

1960(昭和35)年

1月号
◆シスターバック◆おしゃれかるた◆「おてんば天使／マコの黒板（くぼたまさみ）／母星子星（赤松セツ子）／春はいつくる（多久まこと）」◆お年玉セット◆りぼんカレンダー

2月号
◆お花のハンドバック◆りぼんシート◆「おてんば天使／春はいつくる／やりくりアパート」◆「まるみちゃん」◆バレエえはがき

3月号
◆レコードバッグ◆金のかみかざり◆「おてんば天使／やりくりアパート／春はいつくる」

4月号
◆フラワーハット◆水玉りぼん◆美智子さまアルバム◆「おてんば天使」◆「やりくりアパート」◆りぼんカレンダー◆トランプしおり

1960(昭和35)年

5月号
◆フレンドバッグ◆「おてんば天使」◆「白鳥のねがい（牧かずま）」◆春風のおたより◆ラジオ　テレビ　歌のアルバム◆小鳥のアップリケ◆しあわせカード◆マスコットぶくろ

6月号
◆王冠メダルつきプリンセスうでわ◆金の回転カレンダー◆「白鳥のねがい」◆「まるみちゃん／春はいつくる／ハリキリヤッちゃん（藤木輝美）」◆とびだすお人形カード◆ハッピーふうとう◆わたしのマスコット

7月号
◆胸にブローチ、手にバッグ◆おそろいバッグ◆「おてんば天使」◆皇太子さまご一家のお写真◆おたよりブック◆かわいいマスコット

8月号
◆7つのブローチ◆「おてんば天使」◆マスコットぶくろ◆おしゃれブック◆わんわんふうとう◆プリントおりがみ

9月号
◆セーラー・バッグ◆「おてんば天使」◆美智子妃殿下へのお手紙◆りぼんキャンデーセット

1960(昭和35)年

10月号
◆おしゃれ手さげ◆「おてんば天使」◆「とんまてんぐ（原作花登筐／藤木輝美）／ママだいて！（藤木輝美）」◆花かごポスト◆ポストはさみこみ人形しおり

11月号
◆おそろいりぼん◆バレエケース◆「おてんば天使」◆「とんまてんぐ」◆おしゃれハンカチ

12月号
◆クリスマスセット◆「おてんば天使」◆マスコットバッグ◆白雪手帳◆「とんまてんぐ」

60年8月号

1961(昭和36)年

1月号 ◆特製ハンドバッグ◆「おてんば天使」◆お年玉セット◆きせかえはがき◆お正月カード◆年賀状・おりがみ◆おめでとうスタンド◆バレエカルタ◆りぼんカレンダー

2月号 ◆お人形カバン◆「おてんば天使」◆お花のレター◆ダイヤモンドさいふ◆マスコットしおり

3月号 ◆花の小箱◆「おてんば天使」◆かざりハンカチ◆「走れチェス（水野英子）」◆おひなさま

4月号 ◆バラのちり紙入れ◆三つのうらない◆「おてんば天使」◆お食事セット◆ビニール・ボール◆「大きなアカちゃん（藤木輝美）」◆しあわせシール◆かべかざりえはがき

5月号 ◆鉛筆ケース◆かざりレース◆お花のブローチ◆おたよりポスト◆「おてんば天使」◆「マキの口笛（牧美也子）」◆そろばん占い

6月号 ◆おしゃれコンパクト◆整理ざら◆「おてんば天使」◆「スーパーおじょうさん（関谷ひろし）」◆手芸テープ◆おみやげ

1961(昭和36)年

郵便

7月号 ◆鳥かごペンダント◆金のハンドバッグ◆「おてんば天使」◆「スーパーおじょうさん」◆歌のアルバム◆あひるの胸かざり

8月号 ◆おしゃれメジャー◆お花のせんす◆「おてんば天使」◆「スーパーおじょうさん」◆うらない小箱◆ブラウス・バッグ

9月号 ◆ブック・ボックス◆幸福のゆびわ◆おしゃれ小箱◆ポケット小箱◆「おてんば天使」◆「おかあさま（わたなべまさこ）」◆東京カード

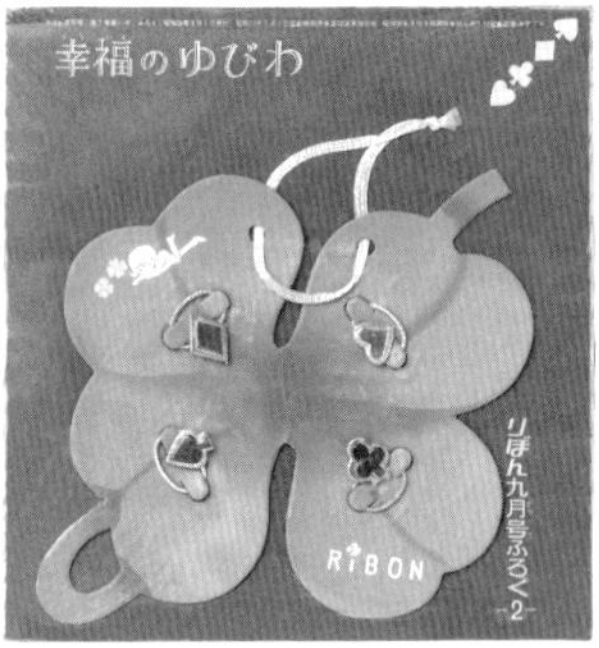

61年9月号

1961(昭和36)年

10月号 ◆おふねのバッグ◆女王さまネックレス◆虹の花ブローチ◆「おてんば天使」◆「ひとりぼっちのすずらん（野呂新平）」◆ベビーキャラメル◆マスコット・カーネーション

11月号 ◆マスコット・チュチュ◆赤い靴ブローチ◆スクール・ボックス◆「おてんば天使」◆「スーパーおじょうさん」◆お花のかんざし◆バラのかざり絵

12月号 ◆金の星かざり◆銀の星かざり◆サンタとツリー◆プレゼント包装紙◆クリスマス・シール◆パーティー・マスク◆クリスマス・テープ◆りぼん家族あわせ◆おかざり銀モール◆ビニール・ビーズ◆クリスマスカード◆クリスマスレコード◆クリスマスバッグ◆クリスマスブローチ◆「おてんば天使」◆「スーパーおじょうさん」

61年12月号

1960年代

60年代のりぼんっ子のあこがれは、創刊号にのっていた3大お姫さま「しんでれら、かぐやひめ、しらゆきひめ」でした。

とくべつ好きなのはシンデレラで、「プリンセス」ということばがふろくでなんども使われています。ですから、民間から皇室にとつぎ、「昭和のシンデレラ」とニュースで伝えられた美智子さまが、いちやくスターになられたのは、ごく自然なことでした。

お姫さま願望を胸に秘めながら、身近なお花のわすれな草やクローバー、それに金やパールで〝お母さんとおでかけするためのおしゃれ〟を楽しみ、遠い異国のお姫さまが住むお城や、舞子さん、バレエ、テレビで見る芸能界のスターたち、そして花よめさんとウエディングドレスにあこがれる——それが60年代までのりぼんっ子とふろくでした。

62年5月号

グッズになったキャラクターには、牧美也子先生の「マキの口笛」のマキちゃんがいます。

64年には、東京オリンピックが開催されると同時に「オリンピックセット」がふろくになり、りぼんっ子たちは五輪ブローチを胸につけ、世界の国旗と人形トランプで遊ぶことでオリンピック気分を楽しみました。

本誌の表紙が実在の少女モデルの写真から、まんがのイラストがメインに変わったのは、68年11月号。そして69年9月号で別冊ふろくのカラーシリーズが終わるとともに、りぼんのふろくは大きく変化していきます。

1962(昭和37)年

1月号
◆りぼん宝石箱◆追い羽根ブローチ◆レース・ハンカチ◆トランプカレンダー◆ハッピー羽子板◆コインゲーム◆お年玉さいふ◆「おてんば天使／夕やけ天使（赤塚不二夫）」◆「おかあさま」◆お正月セット◆おかきぞめ手本

2月号
◆プリンセスハンドバッグ◆兵隊さんブローチ◆「おてんば天使」◆「マキの口笛」◆ウイクリーボックス◆4マーク・ゲーム◆りぼん文庫　おかし

3月号
◆春をよぶペンダント◆金のマスコットピアノ◆ないしょのおたより◆「おてんば天使」◆「ペペも悲しいか（山田えいじ）」◆りぼん文庫　服装の歴史

4月号
◆通学バッグ◆時計型うでわ◆「東京プリンセス（藤山輝美）」◆「おかあさま」◆ランチセット◆青空ボール◆りぼん文庫　花

5月号
◆NO．1ケース◆三色のくし◆「東京プリンセス」◆「ペペも悲しいか」◆おやつ皿・くだもののシール◆お花の状さし◆りぼん文庫　美しい日本◆ニャンニャンカレンダー

1962(昭和37)年

62年6月号

6月号
◆マキちゃんファン◆マキちゃんセット◆スタアバッグ◆「東京プリンセス」◆ボタンブローチ◆カラーダイヤル◆「ペペも悲しいか」◆りぼん文庫　ことば

62年6月号

7月号
◆三角バッグ◆桃代ちゃんレターセット◆ミコちゃん・かべかざり◆「東京プリンセス」◆「ペペも悲しいか」◆マキちゃん時間表◆数のおもちゃ箱

1962(昭和37)年

8月号
◆赤いネックレス◆白いレース◆ピンクのヘアピン〈おしゃれセット〉◆金魚のふろしき◆桃代ちゃんのきせかえ◆「東京プリンセス」◆「ペペも悲しいか」◆りぼん文庫　星の世界

9月号
◆りぼんケース〈◆ビニ・バッグ◆コスモス・ブローチ◆ひめ小箱〉〈◆ハッピーセット　◆別冊「おはよう!ミーコ（横山光輝）／こまっちゃった（小泉フサコ）」◆別冊「マキの口笛」・マキちゃんレター〉

10月号
◆ハイキング・バッグ◆かわいいくし◆ヘヤーエプロン◆「おはよう！ ミーコ」◆「ペペも悲しいか」

11月号
◆ネットさいふ◆おしゃれコーナー◆マスコット・バッグ◆クローバー小箱◆「ひみつのアッコちゃん（赤塚不二夫）」◆「ペペも悲しいか」

12月号
◆クリスマスバッグ◆ギフトカード◆クリスマスカード23◆ひいらぎ封筒◆「ひみつのアッコちゃん」◆「ペペも悲しいか」

1963(昭和38)年

1月号
◆およばれバッグ◆りぼんバレーカレンダー◆マキちゃんきせかえ◆マキちゃん日記◆りぼん年賀状◆おかきぞめ手本◆お年賀めいし◆お年玉ぶくろ◆「マキの口笛」◆「ひみつのアッコちゃん」

2月号
◆おたよりセット◆「カメリア館（わたなべまさこ）」◆「ひみつのアッコちゃん」

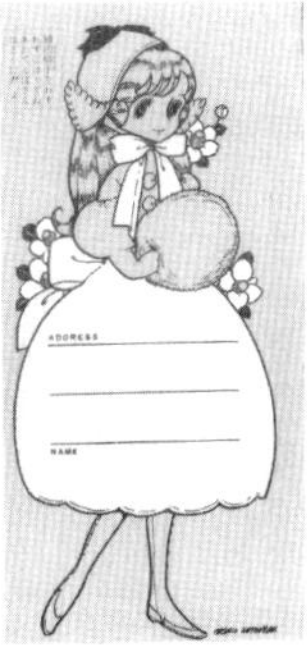
63年2月号

3月号
◆ゴールデン小箱◆紙びなさま◆おひなさま千代紙◆スクール・バッグ◆「カメリア館」◆べんりブック

4月号
◆ビニール特製マキちゃんふでばこ◆こけし鉛筆サック◆スター時間割状さし◆ポケット・ノート◆「マキの口笛」◆「ひみつのアッコちゃん」

5月号
◆浩宮さまアルバム◆ペンシル・ケース◆「りぼんのワルツ（牧美也子）」◆「ふたりの花物語」

1963(昭和38)年

63年6月号

6月号
◆いちごブローチ◆おしゃれコンパクト◆「りぼんのワルツ」◆「チャコちゃんの日記（今村洋子）」◆「しあわせの王子」◆おしゃれシール

7月号
◆マスコットケース◆スターブロマイド◆「チャコちゃんの日記」◆「そよ風の歌」◆おしゃれ紙ハンカチ

8月号
◆ビニール　サマーバッグ◆くじゃくのうちわ◆「りぼんのワルツ」◆「母子草」◆夏やすみ　えはがきセット

9月号
◆ばらの小箱◆「りぼんのワルツ」◆「チャコちゃんの日記」◆「ローマの休日」◆プリント千代紙◆マスコットしおり◆おたよりシール

10月号
◆マスコットさいふ◆赤とんぼブローチ

1963(昭和38)年

◆「りぼんのワルツ」◆「チャコちゃんの日記」◆「花嫁さんばんざい」◆ブロマイドしおり

11月号
◆おしゃれセット◆「りぼんのワルツ」◆「チャコちゃんの日記」◆「小さな花」

12月号
◆クリスマスプレゼント小箱◆クリスマス六つのブローチ◆「りぼんのワルツ」◆「チャコちゃんの日記」◆「クリスマス物語」

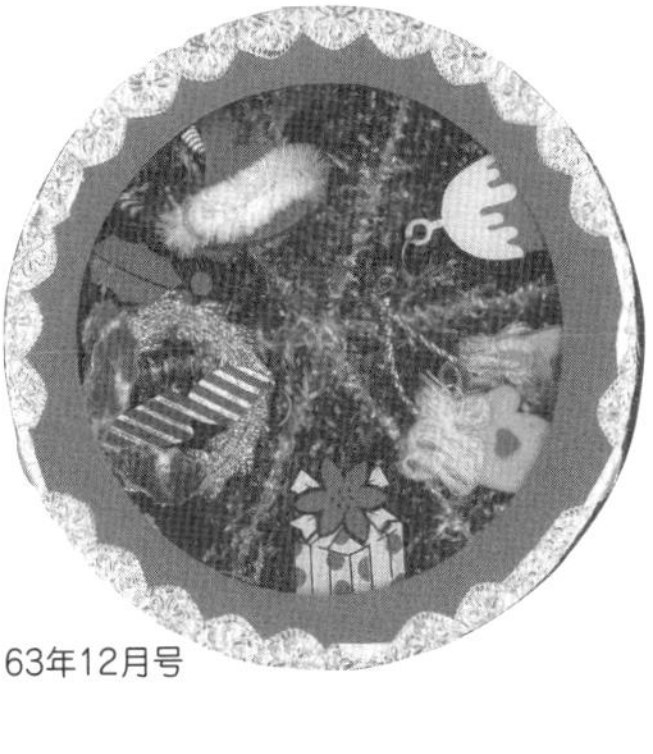
63年12月号

1964(昭和39)年

1月号
◆お年始バッグ◆オールスターブロマイドトランプ◆ハッピーさいふ◆レモンケース◆「りぼんのワルツ」◆「チャコちゃんの日記」◆「お母さんの骨をもらって歩けた」◆りぼん年賀状◆お年玉ぶくろ◆お年玉シール・しおり

2月号
◆カーデガンクリップ◆金の髪かざり◆舞子さんレターセット◆「りぼんのワルツ」◆「チャコちゃんの日記」◆「あかね雲のうた」

3月号
◆おひなさまかさね小箱◆たのしいマッチあそび◆ちょうちょの髪かざり◆「りぼんのワルツ」◆「チャコちゃんの日記」◆「この丘で泣いてくれるな」

4月号
◆デラックスふでばこ◆けしごむブラシ◆「りぼんのワルツ」◆「チャコちゃんの日記」◆「銀のカンテラ」◆ペンシルサック◆学習カード　世界一日本一

5月号
◆パールブローチ◆フラワーブローチ◆金の宝石箱◆「りぼんのワルツ」◆「チャコちゃんの日記」◆「お姉さんのいる街」

6月号
◆舞子さんセット◆「りぼんのワルツ」◆「チャコちゃんの日記」◆「竜の子太郎」

1964(昭和39)年

7月号
◆王女ミナ子ペンダント◆帽子ブローチ◆「りぼんのワルツ」◆「チャコちゃんの日記」◆「荷ぐるまの歌」◆レースの花びんしき

8月号
◆マミちゃんさいふ◆夏休みのおしゃれブローチ◆「りぼんのワルツ」◆「チャコちゃんの日記」◆「お母さん生きていてよかった」◆夏休みなぞなぞガイド

9月号
◆ブロマイドつき定期入れ◆王女さま宝石箱◆ポリフラワー・ブローチ◆カラー絵はがき◆「りぼんのワルツ」◆「チャコちゃんの日記」◆「それだけがお願いなのママ」

10月号
◆オリンピック記念セット◆別冊まんがセット(「りぼんのワルツ」/「チャコちゃんの日記」/「すみれ雲のうた」)

64年10月号

1964(昭和39)年

11月号
◆うきぼり小箱◆ブローチ・セット◆花よめさん絵はがき◆「ゴールデンリボン」◆「りぼんのワルツ」◆「チャコちゃんの日記」

12月号
◆クリスマスプレゼント〈バイブル小箱／クリスマスブローチ／ジングルベル状さし／クリスマスカード集／がくぶちかべかざり〉◆「クリスマスのゆびきり」◆「りぼんのワルツ」◆チャコちゃん時間割

64年12月号

1965(昭和40)年

1月号
◆お正月およばれバッグ◆オールスターかるた◆おかきぞめ手本◆日めくりカレンダー◆「火の花の丘」◆「母はただひとり（田中美智子）」◆「チャコちゃんの日記」◆1965べんりブック◆お年始お年玉ぶくろ◆羽子板しおり

2月号
◆ビニール特製　おでかけバッグ◆雪の花　カーディガン・ブローチ◆「愛と死をみつめて」◆「虹にねがいを（牧美也子）」◆「チャコちゃんの日記」

3月号
◆春の花小箱◆桃の花髪かざり◆扇子ブローチ◆「少女と風船」◆「虹にねがいを」◆「チャコちゃんの日記」

4月号
◆ペンシルケース◆時間割スタンド◆鉛筆サック◆状さしカレンダー◆「さよなら三角」◆「母はただひとり」◆「チャコちゃんの日記」◆頭のよくなるノート

5月号
◆花かご手箱◆「泣かないでもういちど」◆「母はただひとり」◆王女さまきせかえ◆ふうとうと絵葉書◆フランスカレンダー

6月号
◆女王さまブローチ◆女王さま宝石箱

1965(昭和40)年

◆「おおひばりたからかに」◆「赤ちゃん（牧美也子）」◆「チャコちゃんの日記」◆女王さまセット

7月号
◆ビニール特製サマー・バッグ◆「明日になれば」◆「花物語（牧美也子）」◆「チャコちゃんの日記」◆マスコット・ノート
山のメモ・海のメモ

65年8月号

1965(昭和40)年

8月号
◆レースのハンドバッグ◆「ふたりだけの空」◆「母はただひとり」◆「5年ひばり組」◆スター・ものしりブック◆レター・ボックスりぼん夏休みシール

9月号
◆おへやがふたつ　花の宝石箱◆「オー・マイ・パパ」◆「花の館（わたなべまさこ）」◆「5年ひばり組」◆花の手帳◆カレンダーつき花の時間割◆ばらのビニ・ハンカチ◆百合のビニ・ハンカチ◆花ことばカード◆花のしおり

10月号
◆ビニール特製マスコットさいふ◆「野菊さく丘」◆「美知子（田中美智子）」◆「5年ひばり組」◆花の写真立て・花の館カレンダー◆花のブローチ

11月号
◆花の手鏡小箱◆特製カコちゃんのくし◆おしゃれな紙香水◆「虹にねがいを」◆「5年ひばり組」◆「さよならパディ」

12月号
◆クリスマス小箱◆キャンドルブローチ◆鏡ブローチ◆手袋ブローチ◆星ブローチ◆「虹にねがいを」◆「5年ひばり組」◆「赤ちゃん」◆Xマスシール◆Xマスカード

66年2月号

1966(昭和41)年

1月号

◆お正月おでかけバッグ◆日本がみかんざし◆りぼん特製トランプ◆ハッピーノート◆「奇跡の人」◆「虹にねがいを」◆「5年ひばり組」◆スターかるた◆カコちゃんカレンダー◆お年玉ぶくろ◆人気もの羽子板◆タミーの年賀状◆かきぞめ手本

2月号

◆おしゃれハンドバッグ◆カーディガンクリップ◆舞子さん小箱◆「悦ちゃん」◆「虹にねがいを」◆「5年ひばり組」◆さあ大変！ハイだいじょうぶ

66年4月号

1966(昭和41)年

3月号

◆おひなさま小箱◆春休みレターセット◆「黒い天使」◆「虹にねがいを」◆「5年ひばり組」◆おひなさまカレンダー

4月号

◆スクールバッグ◆ビニールボックス◆マスコット虫めがね◆「虹にねがいを」◆「九平とねえちゃん」◆「5年ひばり組」◆花ずくし◆人気もの紙ハンカチ◆時間割しおり◆新学期シール

5月号

◆虹のおしゃれバッグ◆フラワーボックス◆「星空のマリア」◆「虹にねがいを」◆「5年ひばり組」◆母の日カーネーション◆母の日カード

6月号

◆カコちゃんきせかえセット◆きせかえデザインカード◆おしゃれアイロンプリント◆花かごブローチ◆「ヒヤシンスの花嫁」◆「虹にねがいを」◆世界の名画カレンダー

1966(昭和41)年

7月号

◆銀のカコちゃんバッグ◆りぼんマスコット手帳◆いちごブローチ◆「チビとノッポの物語」◆「虹にねがいを」◆世界の旅カレンダー

8月号

◆すてきな歌の別冊◆ちびっこのど自慢◆さいふつきパス入れ◆「おかあさん見ていて」◆おしゃれ扇子◆りぼんレコード◆夏休み人気者絵葉書

9月号

◆シンデレラバッグ◆プリンセス指輪◆バレエトランプ◆「まき毛のロン」◆夏休みゲームブック◆東京名所絵はがき◆人気スターブロマイド◆新学期名画時間表◆花のお便り封筒◆人気漫画しおり

10月号

◆りぼんおしゃれセット◆「0学級の子どもたち」◆カコちゃんマスコット手帳◆人気スターブロマイド

11月号

◆デラックスきせかえセット◆「歌よつばさのように」◆歌の大別冊　ちびっこのどじまん◆レコード型スターかべかけ

12月号

◆ウエディング・ドール◆「絶唱」◆「ハニーハニーのすてきな冒険（水野英子）」◆クリスマス　ブローチセット◆クリスマス・カード◆クリスマス　スタンド

1967(昭和42)年

1月号
◆お正月姫手箱◆お正月おしゃれバッグ◆追羽根かみかざり　◆「若草物語」マスコット手帳◆りぼん家族あわせ◆ラッキーコイン◆コイン・ケース◆5年ひばり組時間表　◆世界名作カレンダー◆人気スターブロマイド　◆マジックカード◆特製年賀はがき◆年賀状シール◆りぼんちゃんしおり◆羽子板しおり

2月号
◆モヘアのハンドバッグ　◆おでかけリボンセット◆舞子さんセット◆「踊ろうユリ」◆歌の別冊「ちびっこのどじまん」◆スターカレンダー◆富士山かべかざり

3月号
◆夢のリビングセット◆「伊豆の踊り子」

4月号
◆デラックス立体きせかえセット◆プリンセス鉛筆ケース　◆「水色のりぼん」◆「ハニーハニーのすてきな冒険」◆人気スター豆ブロマイド

5月号
◆手芸セット◆りぼんマスコット手帳◆「アンネの日記」◆プリンセスかべかざり◆まゆみちゃんレターラック◆りぼんスターブロマイド

6月号
◆デラックス　お誕生日パーティーセット◆ウィーン少年合唱団手帳◆「野ばら」

1967(昭和42)年

7月号
◆フラワーバッグ◆まゆみちゃんレターセット◆「ふたりだけのワルツ」

8月号
◆RIBON思い出のメモ◆マスコットさいふ◆ちびっこのどじまん◆魔法使いサリーレコード◆「みどりの館」◆美しいおしゃれハンカチ◆人気スターカラーブロマイド◆スター色紙

9月号
◆夏休みりぼんバッグ◆プリンセス宝石箱◆こわいまんが「とかげ屋敷（古賀新一）」◆「ふたつ星の旅」◆「道ふたつ（牧美也子）」◆サマー・ブローチ◆かべかけ時間表◆夏休みカレンダー◆夏休みしおり

10月号
◆「星からきた少女」◆マスコットケース◆マスコットメモリイ◆金のかべかけ◆牧先生のバレエしおり◆人気者鉛筆サック◆金の指輪　銀の指輪◆バレエ豆劇場◆ばらの香水カード

67年11月号

1967(昭和42)年

11月号
◆お花のおしゃれバッグ◆「月見草とベコ」◆RIBON定期入れ　◆りぼんマスコット手帳◆お城のカレンダー◆バレエ壁かざり◆人気まんが絵はがき◆世界の旅カラーしおり◆ラーラの卓上時間表

12月号
◆クリスマス・カード◆Xマス・ヒットソング集◆クリスマス・ミニツリー◆「ルミちゃん教室」◆赤いブーツのセンターピース◆クリスマス・フォークケース◆エンゼルのコップしき◆サンタの紙ナプキン◆美しいギフトカード

1968(昭和43)年

1月号
◆お年玉おでかけバッグ◆ラーラ・トランプ◆りぼんマスコット手帳◆「ゆうやけ広場」◆「のろいのへび教室（古賀新一）」◆スターレコード◆リカちゃん着せかえ人形／衣裳◆日本舞踊カレンダー◆おしゃれリボン◆人気者年賀状◆お年玉袋

2月号
◆特製モヘアのミニミニバッグ◆花のカーディガン・クリップ◆立体きせかえおしゃれセット◆「白鳥」◆こわい漫画「のろいのこぶ少女（古賀新一）」◆マスコットびんせん／ふうとう

3月号
◆春のフラワーバッグ◆「まごころ」◆「虫少女（古賀新一）」◆お花のブローチ◆マスコット花詩集◆お花ばたけの状さし◆野の花山の花しおり

4月号
◆デラックスりぼん手帳◆プリンセスのおへや◆プリンセス貯金箱◆プリンセス洋だんす◆プリンセス鏡台◆「赤毛のひとつ」◆こわいまんが「白い眼の少女（古賀新一）」◆ザ・タイガースかべかけ◆インディアン・ブラシ◆バラのしおり

5月号
◆手箱型金のかがみ◆「へんな子ちゃん（赤塚不二夫）」◆「君がいるかぎり」

1968(昭和43)年

◆こわいまんが「こびと少女（古賀新一）」◆美しいカーネーション◆母の日プレゼントカード◆ザ・タイガースプレゼントペーパー◆グループサウンズ スターシール◆マスコット卓上立◆ラーラの髪かざり

6月号
◆チェックのラーラ・バッグ◆「オリバーツイスト」◆こわいまんが「へび先生（古賀新一）」◆舞子さんブローチ／お便り小箱／お便りセット

7月号
◆ラーラのパス入れ／手帳◆立体花かざり◆「わたしのバロン」◆特別別冊「サムライミーくん（松本零士）」◆新案星占い盤◆わすれな草きせかえ人形／衣装◆グループサウンズしおり◆ジュリーブロマイド

8月号
◆ビーチバッグ◆へんな子ちゃんセット◆「花子よ永遠に」◆夏休みパズルブック

9月号
◆ひみつのラーラケース◆「父子草」◆別冊ペンシリーズ「母っちゃが帰るまでここにいんべ（芳谷圭児）」◆浮輪の

1968(昭和43)年

キーブローチ◆腕時計型コイン入れ◆夏休み想い出アルバム◆ザ・タイガースマスコット扇子◆夏休み絵はがき◆フレッシュスターブロマイド

10月号
◆ギター型ジュリーメモ◆ビッグ3絵はがき◆グループサウンズしおり◆プリンセス ダイヤ ブローチ◆「太一とはるみ」◆マジック黒板◆夢のレターラック◆人気漫画シール◆バースディーカード

11月号
◆ビバ！ピンポンセット◆ショーケン大型ポスター◆お花のヘアバンド◆「涙くんさよなら」

12月号
◆GSきせかえセット◆クリスマスツリーセット◆「聖ハレンチ女学院」

68年10月号

1969(昭和44)年

1月号

◆お正月おしゃれバッグ◆1969年りぼん手帳◆「ヨーイドン!」◆まんが「青空のあるかぎり（末永あや子）」

2月号

◆デートバッグJULIE◆GS別冊アルバム　◆「野口ヒデト物語（松田明姫）」

◆「白鳥の湖」

3月号

◆ケース入りミニチュアおひなさま◆花かごブローチ◆春のレターセット◆「たのしいわが家」◆ペンシリーズ　鐘のなる丘（武田京子）」◆渡辺まさこ先生のフラワー状さし

69年3月号

4月号

◆新学期特別お祝いセット　◆花のテレフォン宝石箱◆パール指輪◆「ちびっこ先生」◆大型別冊「GOGOナンシー（峯岸ひろみ）」

1969(昭和44)年

5月号

◆水森亜土のピクニックバッグ◆香りのハンカチーフセット◆「悪魔のハープ」

6月号

◆かぎつきミリちゃんケース◆「からすなぜ鳴く」◆シルバーノート◆スイート★ノート◆りぼん手帳

7月号

◆ファンシーセット◆ピンキーしおり◆「ほたるの墓」◆デラックスポスター

8月号

◆RIBONサニーバッグ◆夏休み思い出アルバム◆「亜紀と11人の仲間」◆サイケデリックグラス◆ペーパーマット◆最新ヒット曲ベスト10

9月号

◆ファンシーボックス◆「おてんば選手」◆カラーしたじき◆ビバ！バレーボールセット

10月号

◆特製レターセット◆ポスター〈青山孝＋ピンキー〉◆「海にかける橋（井出ちかえ）」

11月号

◆デラックスおしゃれバッグ◆お城のエンピツ立て

69年11月号

1969(昭和44)年

◆特製ミニ手帳◆「ジャジャ馬とさぼり君（藤シズエ）」

12月号

◆Xマスソングレコード◆Xマスカードセット◆「白いライラック（松田明姫）」

69年11月号

1970(昭和45)年

1月号
◆りぼんジュニア手帳◆ハッピーゲーム◆ビバ！バレーボールゲーム◆「恋の1・2作戦（一条ゆかり）」◆ワンちゃんカレンダー

2月号
◆田村セツコ／りぼんケース◆新案立体きせかえセット◆「こんにちは初恋さん（もりたじゅん）」

3月号
◆水森亜土のデートバッグ◆DELUXE COMIC（西谷祥子／松田明姫／南部ひろみ／宮本令子）◆お友だちカード

4月号
◆ジュニアバッグ◆DELUXE COMIC（杉本啓子／松田明姫／たんのてるこ）◆人気まんがジャケット◆新案ダイヤル式人生うらない

5月号
◆亜土ちゃんデラックスレターセット◆DELUXE COMIC（巴里夫／松井由美子／南部ひろみ）◆一条ゆかり大型ポスター

70年4月号

1970(昭和45)年

6月号
◆亜土ちゃん占いカード◆子猫のレターラック◆DELUXE COMIC（横山まさみち／山本優子／たんのてるこ）

7月号
◆田村セツコ／パンダちゃんケース◆デラックス下じき◆DELUXE COMIC（山岸涼子／黒沼隆司／亀井淑子）

8月号
◆シールつき絵はがきセット◆亜土ちゃん壁かざり◆もりたじゅんジャンボポスター◆DELUXE COMIC「あの虹をとれ（井出ちかえ）」

9月号
◆シルバー手帳（一条ゆかり　もりたじゅん　水野英子　里中満智子　青池保子　大和和紀　北島洋子）◆おたのしみ亜土ちゃんルーレット◆人気まんが家ファッションうつし絵◆DELUXE COMIC「にくいあんちきしょう（弓月光）」

1970(昭和45)年

10月号
◆亜土ちゃんファンシーボックス◆おたのしみゲーム・ゲーム・ゲーム◆DELUXE COMIC（山岸涼子／山本優子）

11月号
◆ジュニア・ファイル◆ラブ・ラブ・テスター◆DELUXE COMIC（もりたじゅん／しらいしあい）

70年12月号

12月号
◆一条ゆかり　デラックスレターセット◆亜土パズル◆DELUXE COMIC「紅い花（井出ちかえ）」

1971（昭和46）年

1月号
◆RIBONジュニア手帳◆人気まんが家ファッションカレンダー◆亜土ちゃんおしゃれ福笑い◆おたのしみカップルゲーム◆1971年あなたの星座占い

71年1月号

71年1月号

2月号
◆大和和紀先生のジュニアバッグ◆ハレハレテレビゲーム◆DELUXE COMIC「いつか私も…（南部ひろみ）」

1971（昭和46）年

3月号
◆西谷祥子レターセット◆一条ゆかりマガジンラック◆大和和紀カラーポスター

4月号
◆ゴールデンデラックスコミック（山本優子／風間宏子／吉森みきを）◆一条ゆかりメモノート◆ペーパーマスコット◆井出ちかえ＋大和和紀ブックカバー

5月号
◆「天までのぼれ（弓月光）」◆人気まんが家ディスクジョッキーレコード◆まんが家ファッションカレンダー

71年4月号

6月号
◆一条ゆかり先生のウキウキバッグ◆「愛よ永遠に…（鈴原研一郎）」

1971（昭和46）年

7月号
◆「シャボン玉とばそ（のがみけい）」◆人気まんが家ビューティカレンダー◆ジャンボ絵はがきセット

8月号
◆シルバーシリーズ「はだしのマドモアゼル（一条ゆかり）」◆もりたじゅんレターラック◆にしきのあきら大型ポスター◆よしこの夏休みムフフ劇場

9月号
◆シルバーシリーズ（南部ひろみ／古谷三敏／髙橋タクミ／亀井淑子）◆りぼんデラックス手帳◆ケース付りぼん占いカード◆人気まんが家ビューティフルうつし絵

10月号
◆シルバーシリーズ（山本優子／ささやななえ／悠紀るみ）◆のがみけいラブラブショーケース◆りぼんファッション下じき

11月号
◆シルバーシリーズ「実話身上相談まんが特集（風間宏子／吉森みきを）」◆りぼんピクニックセット

12月号
◆シルバーシリーズ　クリスマスまんがブック（汐見朝子／ささやななえ／田渕由美子）◆デラックスクリスマスレターセット

ふろくインタビュー

一《いち》条《じょう》ゆかり先生

グッズとともに人気の高いふろく、別冊まんが。りぼん本誌は大きすぎて保存できないけど、別冊まんがは大切に取っておいて、何度も読み返した人も多いのでは? 「デザイナー」「砂の城」「有閑倶楽部」などなど、数多くの代表作のある一条ゆかり先生に、別冊まんがの思い出をお聞きしました。

りぼんのふろくでいちばんおぼえているのは、別冊まんが「一条ゆかり全集」ですね。第1回りぼん新人漫画賞で佳作をいただき「雪のセレナーデ」でデビューした4年後、昭和47年に、全6巻１２８ページを、毎月1冊ずつ半年間休みなしで描いたという、強烈な思い出です。

全集の前に描いたふろくは、別冊まんがは「恋の1・2作戦」が最初で、イラストは大型ポスター、手帳、レターペーパー、バッグ、カレンダーなど大きいのから小さいの

71年7月号

いちじょう・ゆかり　9月19日生まれ、おとめ座、A型。岡山県出身。1968年「雪のセレナーデ」で第1回りぼん新人漫画賞に入選しデビュー。『有閑倶楽部』で第10回講談社漫画賞少女部門、『プライド』で第11回文化庁メディア芸術祭マンガ部門優秀賞を受賞。

まで…とにかく毎月なにか描いてました。

いちばんいやな思い出は「人気まんが家ディスクジョッキーレコード」です！ まんが家のソノシート（知らない人は調べましょう）までふろくにするとは、りぼん恐るべし！

「はーい、みなさんごきげんよう。あたし、通称〝ゆか〟こと一条ゆかりでございます」

なんてDJみたいにおしゃべりして、京都で活動してた友だちのフォークグループ「コンドアウトキ」の「歩いて行こう」っていうレコードを時間稼ぎの苦しまぎれにかけましたよ。井出ちかえさんともりたじゅんちゃんもいっしょで、井出さんは「ビバ！ バレーボール」の連載を終えたばかりのちょっとセンチな近況報告、新人賞で同時受賞だったじゅんちゃんはノリノリで読者の人生相談をして、終わりに3人で「まんがも描きたいし～、結婚もしたいし～」なんて恋バナで盛り上がってた。たった5分の録音だけど、今でもときどき「これ、覚えてますか」ってソノシートを見せてくれる人がいるんですが…燃やして欲しい！

それから、シルバーシリーズという大判の別冊「一条ゆかりの世界」もあったなあ。

70年4月号

73年10月号

71年4月号

74年1月号

100ページの「はだしのマドモアゼル」、仕事場のイラストを扉にした8ページ2色の保存版「ゆかりのまんが教室　あなたもまんが家になれる!」、表は大きなイラスト・裏は「YUKARIのとっておき㊙アルバム」で三つ折りにした綴じ込み大型ピンナップ、おまけにゆかりのサイン入り愛用ギターのプレゼントまで、ぜ〜んぶ自分でやった「週刊誌一冊分のボリューム」の別冊でした。

毎月「りぼん」と「りぼんコミック」で、カラーが8〜16ページに2色が16ページもあるまんがを描いてたから、忙しいにもほどがある毎日でしたね。

えっ？　そんな忙しいときに、どうしてもっとたいへんな「一条ゆかり全集」を引き受けられたのかって？　じつはね、担当のTさんに打ち合せでこう言われたのよ。

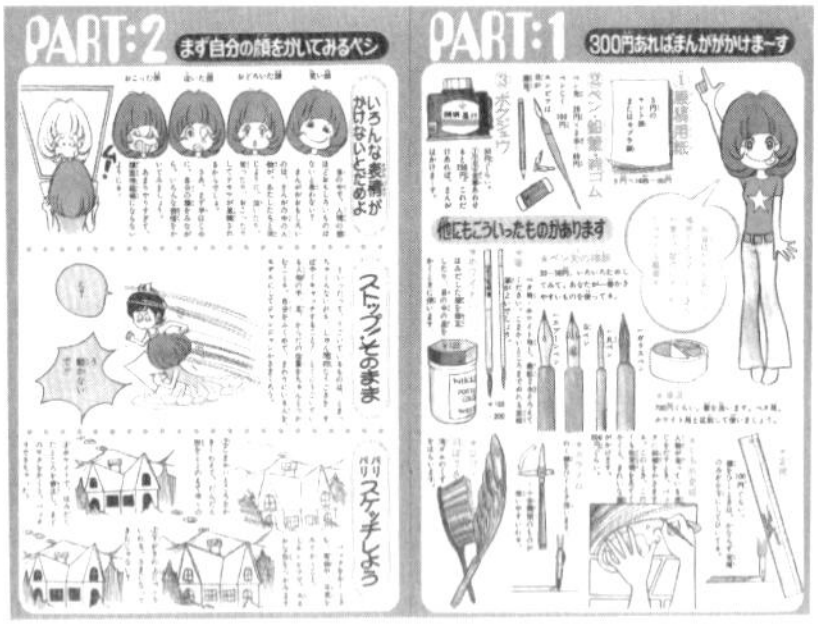

71年8月号

71年8月号

75年9月号

75年7月号

「昔、カラーシリーズって別冊があったの知ってる?」

水野英子先生の「奇跡の人」を読んでいたから「知ってるよ」と答えると、

「こんどそんな別冊シリーズをやろうと思うんだけど、6冊全部ひとりで描くのを交代でと思ってるんだ。一条さんの次がもりたじゅんさんでその次が弓月光さんで……」

(殺す気か⁉)っとは思ったけど、シブシブ引き受けました。

というのは、金に目がくらんでりぼんでデビューしたものの、わたしが描きたいのは「背徳」と「ピカレスクロマン」だったので、当たり前だけど小学生が対象のりぼんでは御法度でした。ダメだと言われるとどうしてもやりたがる性格なもので、コレはチャンスかなとね。

(よし、普段は描けない話を描くぞ！　ぜんぶ違うタイプの話にしてひとつふたつ好き放題描くか)とまずは作戦をたてました。

あのね、自分の本当にやりたいことを実現するためには、こちらから先に相手を満足

71年5月号

73年12月号

74年4月号

75年5月号

させて黙らせることが大事なのよ。（6回だから2・2・2の3パターンでいこう）と全体の方針をたてて、第1巻「春は弥生」と第6巻「9月のポピィ」は、和洋のロマコメもの。編集部がわたしにいつも要求するのは「ロマコメ」なんですよ。

第2巻「クリスチーナの青い空」と第5巻「雨のにおいのする街」は、わたしが描いたことのない社会問題系の戦争ものとSF。少女まんがの枠を超えていて内容的にも問題なく社会性もある作品です。戦争ものは、わたしの好きな戦争映画「風と共に去りぬ」を思い浮かべながら、世界史の本を手にどこを舞台にするか悩んで、いちばん日本人の知らないスペイン戦争にしました。情熱的なピカソの国を舞台に「ナチがスペインに進軍して、金持ちの家を拠点にする」設定。やっぱ、これよね。もうひとつのSFは、少年科学者が原子力発電所のある村へ仕事に行って、超能力をもつ年上の少女と恋に落ちる話です。

さて、問題は残る2作。「本当はこれが描きたかった」作品です。

第3巻「おとうと」は、あらゆる変態ものに挑戦してやろうと心して描いた得意の近親相姦。これこそ全集でいちばん描きたかったテーマです。

第4巻「摩耶の葬列」は、姉妹でレズビアンというドロドロの愛憎劇。タイトルのヒントになったのはピーターが主演した「薔薇の葬列」という映画です。新宿の映画館のスクリーンで観たタイトルの字体も良かった。バラっていう字が、漢字で「薔薇」！　これよコレ！　それをイメージして、

「9月のポピィ」72年9月号

71年12月号

「摩耶の葬列」です。

そう、わたしは「小学生だけ」のりぼんをわたしが仕事しやすい「大人のりぼん」にしたかったのよね。

もともと6人きょうだいの末っ子で、年上の世界を見ながら育ちましたから――。

とまあこんな感じで、編集無視で勝手に決めて、描きはじめたら、これが辛いのなんの。本文128ページを、打ち合わせはほとんど無しで、ネームで10日、下絵から仕上げまで10日で描きました。それだけでも大変なのに表紙、表紙裏、次号予告、裏表紙は、全部カラーです。

ストーリーがぼんやり浮ぶと、ネームをつくるために放浪の旅に出ます。このときは新宿に住んでいたので歌舞伎町とかあちこち徘徊しながら、深夜営業の喫茶店やその当時「ゴーゴーハウス」という名だったディスコ、クラブですね、ブラックライトの下でネーム描いてました。ジャズ喫茶の大音響のスピーカーにもたれて寝てたけど、人間どんな場

77年10月号

76年6月号

「摩耶の葬列」72年7月号

「おとうと」72年6月号

所でも眠けりゃ寝れますね。実証しました。そんな生活を3～4日して、メドがついたら家に帰ってネーム仕上げてペン入れですよ。それでもまったく身体は壊さなかったんだから丈夫にもほどがあるわ。

第1巻の「春は弥生」を描き始めたときに、1ページ目の見開きの町の全景を描いてくれると言った弓月が、「用事がある」ってちょっとだけ描いて帰った！　帰ったのよ！　あのヤロー！　仕方がないので手分けして残りを描こうとしたら弓月がやたら細かく描いてて…当然恨みましたよ。次のページの一コマ目の、その町を双眼鏡でながめるシーンでも悩んだなあ。じっさいに双眼鏡をのぞくと、一つの丸に見えるけど、それじゃあ双眼鏡らしくない。結局、まんがでは二つの丸が重なっている形で描いたけど、リアリストのわたしは、「でもさー、ホン

「春は弥生」72年4月号

80年11月号

76年2月号

77年5月号

トはこう見えないし～」とつぶやきながらペン入れしてました。

そんなこんなで6か月、息絶え絶えで描き終えたら、「たいへんそうだから一条さんでもうやめた」とTさんがひと言。「ええっ！」ですよ。コレがどんなに辛いか、その後つづく弓月とじゅんちゃん思い知れよ、と楽しみにしていたのにヒドイわあ（泣）。

ま、とにかく、それから小学生メインだった読者年齢層がひろがって、大学生が少女まんがの研究サークルをつくるまでになっていくのです。

「一条ゆかり全集」のあとは、「デザイナー」、「ティー・タイム」、「こいきな奴ら」、「砂の城」などを描きながら、せっせとポスター用のイラストやグッズ用の〝ガキ絵（太い線でミニサイズにしたキャラクターのイラスト）〟を描きました。

いちばん気に入っていたのは、横向きで帽子をかぶった少女のイラストだったけど、なんのふろくだったか覚えてないなあ。

なにしろ、わたしがイラストを描いたグッズのふろくは全部で100以上あるらしいから、う～ん、思い出せない。

80年7月号

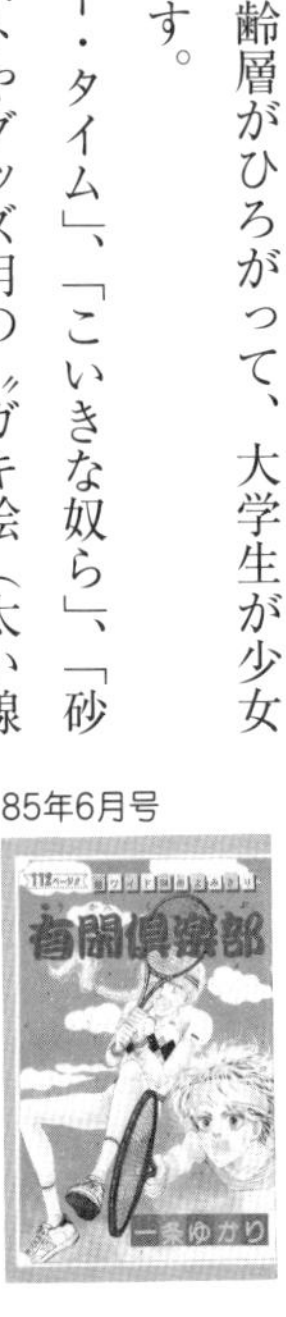

85年6月号

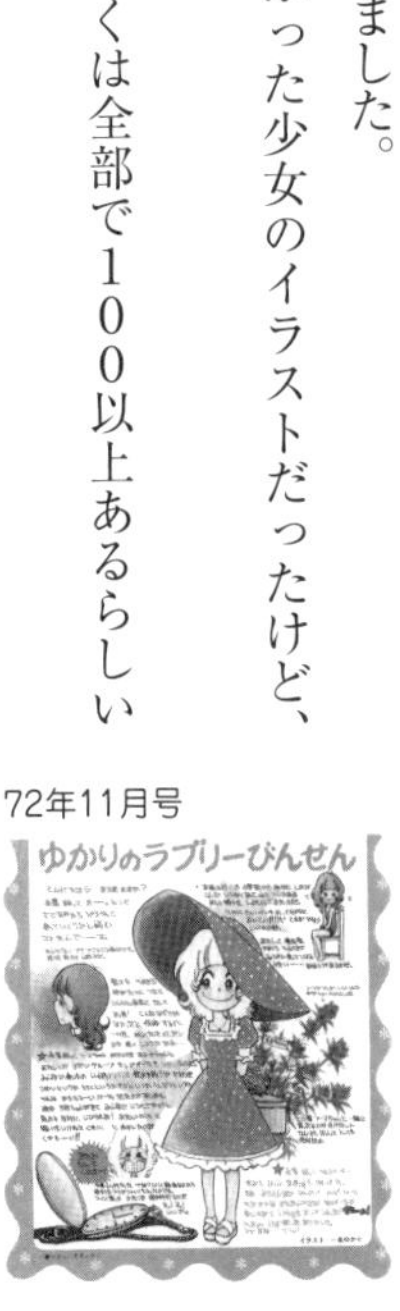

72年11月号

1972(昭和47)年

1月号
◆「どろん（弓月光）」◆りぼんラブラブ手帳◆じゅんのお正月姫手箱◆一条ゆかりかべかけカレンダー

72年1月号

2月号
◆「恋人たちの時（一条ゆかり）」◆バレンタインペアペアケース◆マークレスター大型ポスター

72年2月号

1972(昭和47)年

3月号
◆おしゃれ百科「プチ」◆白い本「シャトー」◆別冊「シンクタンクの野郎ども（のがみけい）」

4月号
◆全集第1巻「春は弥生（一条ゆかり）」◆歌の別冊　春のミュージックブック（全70曲）◆りぼん新学期セット

5月号
◆「クリスチーナの青い空（一条ゆかり）」◆キャンパスバッグ

6月号
◆アラベスクレターセット◆「おとうと（一条ゆかり）」

7月号
◆「摩耶の葬列（一条ゆかり）」◆卓上スターカレンダー◆フォーリーブスシール◆人気スター定期入れブロマイド◆真理ちゃん　五郎ちゃんの大型ポスター

8月号
◆「雨のにおいのする街（一条ゆかり）」◆りぼん占いブック◆りぼん特製オックルちゃんバッジ

9月号
◆「9月のポピィ（一条ゆかり）」◆りぼん特製手帳プチ♥ラブ◆りぼんカジュアルバッグ◆ペッタン・シール◆エンジェル・シール

1972(昭和47)年

72年9月号

10月号
◆ジーンズタッチのおしゃれかべかけ◆秋のミュージックブック◆ジャンボポスター（沖雅也＋石橋正次）

11月号
◆「よしこカスタムブック（土田よしこ）」◆ラブリーびんせん◆おしゃれふうとう◆ハッピー　シール◆ビューティファイル

12月号
◆「アラベスクの世界（山岸凉子）」◆デラックス　クリスマスカードセット（亜土ちゃんのウキウキクリスマスカード／BOON・KIYOMIのメリークリスマスカード／亜土とKIYOMIのミニミニカード／えんじぇる・まことのクリスマスシール）◆りぼん特製ビニール定期入れ◆人気スターカラーブロマイド

1973（昭和48）年

1月号
◆「キッス甘いかしょっぱいか（もりたじゅん）」◆りぼんスター手帳◆森田健作超大型カレンダー◆'73年度1年間星占い◆トマトのビニールコイン入れ◆人気まんが家年賀状セット◆キノコ♥キノコびんせん◆ハッピーふうとう

2月号
◆「ハートに火をつけて（一条ゆかり）」◆郷ひろみ特大カラーパネル◆亜土ちゃんのバレンタインカード◆えんじぇるのパンダカード◆四つ葉のクローバーカード

3月号
◆「天使のような悪魔チャン（弓月光）」◆ピンク・オレンジ・グリーンのおしゃれバッグトリオ◆一条ゆかりのラッキーメモノート◆人気スターシール

4月号
◆「こいきなレディ♥エル（のがみけい）」◆ゆかりのペアペア　カレンダーボックス◆りぼんヤングミュージック◆ベスト16スター　カラーブロマイド

5月号
◆超デラックス版　レターセット◆「ねむってキスして（山本優子）」

6月号
◆ひろみの大アップポスター◆アグネスのジューンブライドポスター◆人気スター25・カラーシール◆イニシアル・シール◆「ゆうれい談（山岸凉子）」

73年7月号

73年7月号

7月号
◆ラブリーなりぼんおしゃれブック◆ひろみと真理ちゃんのアイドルバッグ◆キノコ♥キノコメモノート

8月号
◆一条ゆかりのりぼんカジュアルケース◆サマーヒットソングブック◆7大スターカラープリントセット

9月号
◆郷ひろみビューティフルカラーパネル◆「弓月光ワンマンショー・ヨットどっこい！」◆ヤングスター　カラーシール◆五郎とヒデキのアイドルメモノート

10月号
◆「潮騒（金子節子　作・川端康成）」◆ラブラブ占い手帳◆一条ゆかりロマンチックメモノート◆美代ちゃんとマコちゃんのヤングメモノート◆一条ゆかりコミックシール◆フレッシュスターシール

11月号
◆ゆかりのカラフルマガジンラック◆「野菊の墓（南部ひろみ　作・伊藤左千夫）」◆ジャンボブロマイド◆人気まんが家ペタペッタンシール

12月号
◆「たけくらべ（ささやななえ　作・樋口一葉）」◆ゆかりのホワイトクリスマスびんせん◆優子のロマンチックふうとう◆のがみけい　クリスマスカード◆アイドルミニカード◆クリスマスコミックシール

73年12月号

1974（昭和49）年

1月号
◆「○×カレンダー（巴里夫）」◆キノコのおしゃれかべかけ◆ゆかりのシマシマバッグ◆人気まんが家コミック年賀状◆新春アイドルスターブロマイド◆まりりん・えんじぇるの星座シール

2月号
◆りぼんおしゃれ手帳◆亜土ちゃんのニューイヤーバッグ◆陸奥A子のミニレターセット◆ガロとひろみのぶらぶらカレンダー◆ゆかり・まこと・優子のハッピーシール ◆「7さつぶんの幸せ（汐見朝子）」

3月号
◆りぼんフラワーバッグ◆一条ゆかりインテリアポスター◆ヒデキのガッツポスター◆「雨とメリーゴーラウンド（南部ひろみ）」

4月号
◆亜土ちゃんのスマイルメモ◆ゆかりのパックメモ◆大矢ちきのラブタッチシール◆アグネスとフィンガー5のカラーしたじき◆あいちゃまのペットペットシール◆「ガールフレンド（のがみけい）」

5月号
◆フィンガー5のアイドルファイル◆ちきちゃまびんせんラブカップル◆12大スターカラーブロマイド

74年1月号

6月号
◆アイドルフォーチャーミングラック◆キノコのウエディングバッグ◆フィンガー5のジャンボポスター◆ジャニーズジュニア ヤングポスター

1974（昭和49）年

7月号
◆りぼんオリジナル卓上パネル◆8大スターカラー ブロマイドセット◆ゆかり・よしこのコミックシール

8月号
◆一条ゆかりりぼんサマーケース◆郷ひろみビューティフルポスター◆あいざき進也フレッシュポスター

9月号
◆おしゃれ手帳ラブタッチ！◆次から次からとびだすシール◆あいちゃまのネコさんレター◆よしこのしじみバッグ◆アイドル16カラーブロマイド

74年9月号

1974（昭和49）年

10月号
◆かわゆ～いかばさんメモ◆ジャニーズJr.のスクールボックス◆人気まんが家B・Fカード◆ヤングスター チャーム・ポート集◆デザイナー ジャンボポスター◆ヒデキの大迫力ポスター

11月号
◆キノコ♥キノコのポケットケース◆ゆかりのおしゃれティッシュ入れ◆カラフルナプキン◆まんが家総登場!!りぼん新聞◆ペット・ペット・ステッカー

12月号
◆ゆかりのクリスマスびんせん◆クリスマスちきちき封筒◆亜土ちゃんのクリスマスカード◆人気まんが家ミニミニカード◆あいちゃまのペットカード◆よしこ・ひではるクリスマスカード◆キノコ♥キノコのメイルボックス◆クリスマスプレゼントバッグ

74年12月号

1970年代

1970年はりぼんっ子の恋愛元年。女のコのせつない恋ゴコロを応援するように、70年1月号に一条ゆかり先生の別冊ふろく「恋の1・2作戦」がつきました。ふろく史上はじめて「恋」ということばがさっそうと登場です。

グッズでも、ラブラブ気分をもりあげるふろくがぞくぞく。恋の行方を占う「ラブラブテスター」（70年11月号）、72年には「りぼんラブラブ手帳」、バッグもデート用、バレンタインも72年2月号「バレンタインペアペアケース」以降、定番ふろくになっていきます。

また、70年代はりぼんっ子のおしゃれ度が急上昇した時代でもありました。70年代前半は、60年代からつづいて田村セツコ先生、水森亜土先生、70年になると一条ゆかり、もりたじゅん、井出ちかえ、大和和紀などの先生方がふろくにおしゃれなイラストを描き下ろし、「ファッション」、「ビューティフル」と名のついたカレンダーやファイルが、ファッショナブルなイラストであふれています。

70年代後半は、ファンシー・アイビーなど乙女ちっく路線の全盛期。創刊されたばかりの雑誌にちなんで、お姉さんたちが〝アン・ノン族〟と呼ばれていたころに、りぼんっ子は自分の日常や分身を描いたようなイラストのふろくに夢中になっていたんですね。

73年10月

ポスターやしたじきでは、フィンガー5、郷ひろみ、西城秀樹、天地真理などのスターたちが、にっこり笑っていたっけなあ。

1975（昭和50）年

75年1月号

1月号 ◆おしゃれ小物入れハッピーボックス◆ゆかりのデラックス100枚メモ◆陸奥A子のロングロングカレンダー◆神秘の西洋占い　おどる人形◆優子・よしこのカラフル年賀状

2月号 ◆愛の占い手帳ラブ♥エンジェル◆りぼんアイドルパネル◆7大スターカラーブロマイドセット◆大矢ちきナイスバッグ

3月号 ◆ゆかりのカジュアルファイル◆ちきちゃまのジグソーカード◆おしゃれ特集りぼん新聞

4月号 ◆ゆかりのラブリーケース◆陸奥A子の愛のメルヘン　ミニブック◆新学期ギフトカード◆ミニカラーふうとう◆あいちゃまのペットシール◆しじみのスクールレター

5月号 ◆ちきちゃまのプリティノート

1975（昭和50）年

◆ゆかりのマスコットペンたて　◆人気まんが家ジャンボシール

6月号 ◆ちきちゃまのラブラブバッグ◆陸奥A子の卓上ラック◆のがみけいのテーブルクロス◆キノコナプキン◆美季と秀樹のペア紙皿◆しじみ・しい竹ペアコースター◆ゆかりの恋占い下じき

75年4月号

75年3月号

1975（昭和50）年

7月号 ◆キノコ♥キノコのバンクメモ◆ゆかりのデイトブック◆陸奥A子のギフト・カード◆5愛のルール　ビューティフルポスター◆ジャンボカレンダー

8月号 ◆ちきちゃまのおしゃれファイル◆陸奥A子のメルヘンふうとう／びんせん◆ラブリーカード◆サマーシール◆すきすきスターゲーム◆B・F相性占いカード

9月号 ◆りぼんおしゃれ手帳プチ・レディ◆ゆかりのテーブルマスコット◆田渕由美子のスイートメモ◆よしこの動物ブックマーク◆キノコ♥キノコのロングシール◆ファッショナブルイラストバッグ

10月号 ◆陸奥A子のジーンズバッグ◆一条ゆかりのカラーバッグトリオ◆キノコ♥キノコのフラワーメモ◆優子の占いシール◆ヤングスター　カラーブロマイド

11月号 ◆陸奥A子のアイビーノート◆みよしらのマジョリカティッシュいれ／ティッシュ◆ひでくんのメルヘンボックス◆陸奥A子の恋占い下じき◆フレッシュ4・大特集りぼん新聞

1975(昭和50)年

12月号

◆ゆかりのファンシーびんせん／ふうとう◆陸奥A子のメリークリスマスカード／ふうとう◆田渕由美子のラブリーカード◆キノコ♥キノコのクリスマスシール◆よしこ・善美のペイントペイントポスター

1976(昭和51)年

1月号

◆「夕焼け色の詩（汐見朝子）」◆愛の占い手帳ヤング・ラブ◆一条ゆかりのチャーミング・バッグ◆田渕由美子のスイートカード◆よしこのニュー・イヤー・シール◆1976年アイドル4ブロマイド◆ゆかり・優子・A子のプリティ年賀状

2月号

◆「危険がいっぱい　こいきな奴ら　ACTⅢ（一条ゆかり）」◆陸奥A子のデラックス・バインダー◆太刀掛秀子のグリーン・メモ◆キノコ♥キノコのエンドレス・カレンダー◆田渕由美子の壁かけバレンタイン・カード◆土田よしこのミニミニ・カード◆超ワイド　恋占い88シール

3月号

◆一条ゆかりのビューティフル　マガジンラック◆土田よしこのウィークリーメモノート◆陸奥A子のキャンパスファイル

76年1月号

4月号

◆陸奥A子のアイビーノート◆「さくら荘物語（のがみけい）」◆内田善美のラブリーブックカバー◆一条ゆかりのハイセンスメモスタンド・ハイセンスメモ◆田渕由美子のハッピーしおり◆土田よしこの猫さんブックマーク◆キノコ♥キノコの新学期ネームプレート◆みよし・ららのマジョリカフィンガーゲージ

1976(昭和51)年

5月号

◆一条ゆかりのファッショナブルランチボックス◆土田よしこのワイワイバッグ◆太刀掛秀子のアイデアルさわやかレター◆田渕由美子のおとめチックミニふうとう◆篠崎まことのラブラブミニびんせん◆内田善美のファニースタンプ◆山本優子のプレゼントミニカード

6月号

◆陸奥A子のファンシー・ボックス◆太刀掛秀子の特製下じき　スイート・カップル◆田渕由美子の特製下じき　カレッジ・ラバーズ◆内田善美の恋占いタロットカード◆一条ゆかりのテレフォン・インデックス◆パス入れフォトカード◆キノコ♥キノコのアイドルシール

7月号

◆一条ゆかりのウキウキおでかけバッグ◆田渕由美子のキューティ・ブックエンド◆ひでくんのメルヘン・ティッシュ・ティッシュいれ◆のがみけいのロングロング・メモ◆陸奥A子の超ビッグ・イラストポスター◆太刀掛秀子の超ビッグ・イラストポスター

8月号

◆「8月のシンフォニー（篠崎まこと）」◆太刀掛秀子のナイスファイル◆一条ゆかりの壁かけレターラック◆陸奥A子のロマンチックふうとう／びんせん◆のが

みけいの暑中お見舞い絵はがき◆久木田律子の動物ブックマーク◆みよし・ららのサマーシール

りぼんアイドル文庫
8月のシンフォニー
篠崎まこと
76年8月号

1976(昭和51)年

9月号
◆「樫の木陰でお昼寝すれば（陸奥A子）」◆一条ゆかりのハンディトランク◆田渕由美子・太刀掛秀子のデラックスカラー色紙◆人気まんが家アイロンプリント◆篠崎まことのグリーティングカード◆どっさりカラフルステッカー◆アイドルスタープロマイド◆りぼん新聞　占い大特集

10月号
◆陸奥A子のアイビーノートデラックス◆キノコ♥キノコのテーブルマスコット◆超ロング！由美子・善美の壁かけイラストカード

1976(昭和51)年

11月号
◆一条ゆかりのピクニックバッグ◆陸奥A子のラブラブ紙皿◆田渕由美子のファンシーナプキン◆土田よしこのペットペットコースター◆みをまことのキノコ紙コップ◆みよしらのマジョリカおてふき◆フルーツストロー◆秀子・善美のペイントペイントポスター

12月号
◆太刀掛秀子のラブカップルびんせん・ふうとう◆一条ゆかりのメリークリスマスカード／ふうとう◆坂東江利子のプレゼント・ミニカード◆内田善美のハッピークリスマス・シール◆田渕由美子のチャーミングバッグ

LITTLE LOVERS
It's COLD DAY,
TODAY...
TAKE MY MUFFLER,
It Makes YOU warm...,
THAT Makes me warm.
76年12月号

1977(昭和52)年

1月号
◆陸奥A子のファンタジックトランプ◆りぼんアイドル文庫「星降る夜にきかせてよ（一条ゆかり）」◆のがみけい　内田善美のビューティフル下じき◆山本優子のハッピー年賀状◆小椋冬美のハイセンス年賀状◆キノコキノコの名刺カード◆マスコットフォトカード◆由美子・秀子の超ビッグイラストポスター

2月号
◆りぼんオリジナルスクェアケース◆りぼんアイドル文庫「女はいやじゃ！（金子節子）」◆ジャンボジャンボ恋占い88シール◆太刀掛秀子のラブリー・ブックカバー◆内田善美のハイクラス・ブックカバー◆田渕由美子のバレンタインカード・ふうとう◆みをまことのキノコ・ブックマーク

3月号
◆陸奥A子のワンタッチ・インテリアボックス◆田渕由美子のメルヘンスタンド◆一条ゆかりのメモ伝言板◆のがみけい・内田善美のデラックスカラー色紙◆フレッシュ４大スタープロマイド

4月号
◆田渕由美子のアイビーノート◆アイドル文庫「やさしい沈黙

1977(昭和52)年

（のがみけい）」◆一条ゆかりのチャーミング・レターラック◆人気まんが家アイロンプリント◆みよしららのマスコット・ミニシール◆ハイクラスファンシーしおり◆りぼん新聞

5月号
◆一条ゆかりの特製ブックスタンド◆田渕由美子のファッショナブル手さげバッグ◆人気まんが家ビューティフルイラスト集Vol．2◆陸奥A子のロマンチック・メモノート

77年5月号

6月号
◆陸奥A子のカレッジケース◆太刀掛秀子の卓上ラウンド・マスコット◆内田善美のジグソーパズル・レターセット

77年6月号

1977(昭和52)年

7月号
◆田渕由美子のグリーン・ファイル◆陸奥A子のテレフォン・ブック／プリティ・メモ帳／スポーティしおりカップル／おとめちっくシール／ラブリー・マスコット◆ルネ・ヴァン・ダールのラブラブ・メーター

8月号
◆太刀掛秀子のハイクオリティ・マガジンラック◆アイドル文庫「海に落ちた星（久木田律子）」◆千明初美のファンタジックびんせん・ふうとう・マスコット・サマーシール

9月号
◆田渕由美子のポエジー・ミニブック／スイート・ハンディケース／プリティ・ティッシュペーパー／ミニ・バースデーカード／ラブリー・ポストカード◆アイドル文庫「ただ今恋のメイク中（山本優子）」◆マジョリカのマスコット・ボックス◆ゆかり・江利子のペイントペイント・ポスター

77年9月号

1977(昭和52)年

10月号
◆一条ゆかりの砂の城ファンシーノート◆陸奥A子のデイトバッグ◆ひでくんのメルヘン・ラップペーパー

11月号
◆太刀掛秀子の超強力ジャンボバッグ◆人気まんが家ミラクル・ハイクラス・アイロンプリント◆内田善美のハイクラス・ペンシルケース◆一条ゆかりの砂の城下じき◆佐藤真樹のネームカード◆キッシーズブックマーク

12月号
◆田渕由美子のおしゃれびんせん／ふうとう◆太刀掛秀子のレターファイル◆篠崎まことのミニ・プレゼントバッグ◆初美・真樹の特製カラー色紙◆すずえのプチシール

77年11月号

1978(昭和53)年

1月号

◆一条ゆかりのジュエリーボックス◆まんが家総登場りぼんコミック・ノートブック◆A子・秀子のビッグ・ポスター◆初美・江利子のジョイフル年賀状◆キノコ♥キノコのミニメモ帳◆小椋冬美のグリーティング・カード◆りぼんオリジナル ハッスル・ゲーム

2月号

◆田渕由美子のオールラウンド・クラッチバッグ◆バラエティ88シール◆りぼんヒットソング・ブック◆土田よしこのエンドレス・カレンダー◆ゆかり・真樹のポストカード◆ひでくんのバレンタインカード／ふうとう

78年3月号

3月号

◆陸奥A子の超ロングインテリア・レターラック◆篠崎まことのおとめちっくメモノート◆プリティ・バッグカルテット

1978(昭和53)年

4月号

◆太刀掛秀子のアイビーノート◆一条ゆかりの砂の城バッグ◆佐藤真樹のファンタジック・ブックエンド◆久木田律子のミニブラシとダストパン◆千明初美のペア・ブックマーク◆すずえの新学期ネームシール◆田渕由美子の恋占いゲーム

78年4月号

5月号

◆陸奥A子のファニーファイル◆土田よしこのラッキーボックス◆太刀掛秀子のフェアリーブックカバー◆佐藤真樹のキューティブックカバー◆ミニ・アイドルカード◆オリジナルマスコットスタンド◆ひでくんのメルヘンしおり

6月号

◆一条ゆかりの砂の城びんせん／ふうとう◆田渕由美子のフリーホルダー◆人気まんが家アイロンプリント◆小椋冬美のアドレスブック

1978(昭和53)年

7月号

◆陸奥A子のスライディングメモ◆一条ゆかりの砂の城イラストブック◆太刀掛秀子のシークレットパネル◆マジョリカのミニ・ケース◆ピンク・レディのアクション・ブック

78年8月号

78年8月号

1978(昭和53)年

8月号
◆田渕由美子のチャーミング・トランプ◆清原なつののマイ・ダイアリー◆A子・冬美のジャンボ・ポスター◆ミニミニグリーティング・カード

9月号
◆陸奥A子のりぼにすとバッグ◆太刀掛秀子のドリーミィ・ボックス◆「あした青春！（もりたじゅん）」◆坂東江利子のペイント・ポストカード◆佐藤真樹のルミナス・ポストカード◆小椋冬美のシークレット・ポストカード◆一条ゆかりの夏のレター星占い◆石原すずえの恋のルーレット占い

10月号
◆田渕由美子のアイビーノート◆ひでくんのメルヘンボックス◆りぼんアイドル文庫「かじか沢物語（千明初美）」◆一条ゆかり・篠崎まこと・佐藤真樹のミニ・アイドルカード◆すずえのファンシーネームシール◆久木田律子のコンコンブックマーク

11月号
◆太刀掛秀子のフェアリー・ファイル◆りぼんアイドル文庫「も～がんばらなくちゃPART2（久木田律子）」◆田渕由美子のビビッドラップペーパー◆陸奥A子のラブリーラップペーパー◆一条ゆかりのステンドグラスぬりえ◆みよしらのプチシール

1978(昭和53)年

12月号
◆陸奥A子のラブリー・レター／ふうとう／シール◆りぼんアイドル文庫「ミスター・プリンちゃん（山本優子）」◆佐藤真樹のるんるんテスト・カード／るんるんふうとう

1979(昭和54)年

1月号
◆太刀掛秀子の花ぶらんこトランプ◆りぼんアイドル文庫「まけるが勝ち（坂東江利子）」◆りぼんオリジナルカレンダー◆太刀掛秀子のフローラルビニールケース◆冬休みのトランプ占い◆一条ゆかりの砂の城ポストカード◆佐伯かよののマリアンポストカード

79年1月号

2月号
◆田渕由美子のファンシー・キャビネット◆りぼんアイドル文庫「星の子守歌（佐藤真樹）」◆恋占い88シール◆陸奥A子のファッション・ドール／ファッションワード・ローブ／バレンタインミニ・カードふうとう

1979(昭和54)年

3月号
◆陸奥A子のサイン・ノート◆田渕由美子のチャーミング・メジャー◆ワンニャンロングロングメモ◆小椋冬美のハング・ラック◆ひでくんのマジック・トランプ◆みをまことのコイン・ミステリー◆土田よしこのファニー・ペット

4月号
◆太刀掛秀子のハミング・バッグ◆田渕由美子のムービング・ラック◆陸奥A子のラブリー・ピンナップ／デュエット・シール◆金子節子・佐伯かよの・小椋冬美のミニ・アイドルカード◆野口弓子のネーム・カード◆萩岩睦美のプッシー・メモ

5月号
◆田渕由美子のデラックス・アイビー・ノート◆キノコ・キノコのマジック・ボード◆佐藤真樹のペンシル・ケース◆陸奥A子のマスコット・ドール◆一条ゆかりの砂の城ミニレター◆佐伯かよののマリアン・ミニレター

6月号
◆陸奥A子のスペース・ファイル◆小椋冬美のウィークリー・メモ◆メルヘンのカーブ・ルーラー◆うらら イメージ・

1979(昭和54)年

ルーラー◆キノコ・キノコ　ミニ・ルーラー◆ジャンボ　イニシャル・ルーラー

7月号

◆田渕由美子のキューティ・マガジンラック◆陸奥・篠崎・佐藤・太刀掛・小椋・一条のビューティフル・カレンダー◆萩岩睦美のメロディ・カード／メロディ・ふうとう／クールシール

8月号

◆陸奥A子のジョリー・トランプ／ウォール・ポケット／ラブリー・ブロマイド／フリー・ボード◆佐藤真樹・萩岩睦美のファンシー・ポスター◆田渕由美子のバラエティ・カード

9月号

◆太刀掛秀子のフェアリーノート◆小椋冬美のあこがれボックス◆陸奥A子の沙知＆蔵したじき◆篠崎まことの夏休み星占いシール◆萩岩睦美の香りつきポストカード◆高橋由佳利の香りつきブックマーク◆たかだ功のパピー・メモ

10月号

◆田渕由美子のおとめちっくケース◆陸奥A子の沙知＆蔵バッグ◆太刀掛秀子のラブ・ポシェット◆カセット・レーベル◆一条ゆかりのポケット・メモ◆田渕由美子のネームタッグ

11月号

◆田渕由美子のドリーミィ・レターセット◆花ぶらんこポスター◆篠崎まことのウキウキバッグ◆土田よしこのワイワイバッグ◆沙知と蔵ミニブラシとダストパン◆ラブチェック・カード◆田渕由美子のドリーミィ・シール

12月号

◆小椋冬美のメモ・バインダー◆真樹・睦美のレインボー・メモ◆陸奥A子のスイート・メモ◆太刀掛秀子のフェアリー・ボード◆りぼにすと透明ポケット◆篠崎まことのほんわかラップペーパー◆田渕由美子のロール・カバー◆土田よしこの透明スーパー・シール

1979(昭和54)年

79年12月号

1月号

◆星占いつきゴージャス・カレンダー◆田渕由美子のミルキー・バッグ◆ラッキーパズルBOOK

2月号

◆陸奥A子のプリティ・クラッチバッグ

1980(昭和55)年

◆田渕由美子のファイン・ダイアリー◆篠崎まことのキラキラ手さげバッグ◆空くんのドア・メッセージ

3月号

◆太刀掛秀子のアルバムつきサインノート◆陸奥A子の雛ちゃんミニ・クラッチバッグ◆田渕由美子のおとめちっくイラスト・ポエム集◆佐藤真樹のちーず＆修ブックカバー

80年2月号

80年3月号

1980(昭和55)年

4月号
◆田渕由美子のレターラックトリオ◆ゆかり・真樹のサイン入りロマンティックポスター◆太刀掛秀子のフェアリーしたじき◆篠崎まことのペンシルケース◆空くんのビニール製パスケース◆A子・睦美・由佳利のミニアイドルカード

5月号
◆陸奥A子の雛ちゃんビッグ・ノート◆田渕由美子のまりのバッグ◆睦美・由佳利・太刀掛秀子のチャーミング・シール◆小椋冬空・とろのミニミニ占いシール◆篠崎まことのネーム・シール

80年5月号

6月号
◆まりのバインダー／ルーズリーフ◆ミッキー・バッグ◆雛ちゃんのロール・カバー◆空くんのアドレス・ブック◆アリス・美里のポスト・カード

1980(昭和55)年

80年7月号

7月号
◆りぼんギャラリー・12◆A子ちゃまファイル◆空くんるんるんハンガー◆りぼん占いミニ百科

8月号
◆陸奥A子のスーパー・サマーバッグ◆空くんトランプ◆マリー・オリギンのトランプ占い

9月号
◆太刀掛秀子のフェアリーレターセット◆田渕由美子のチャーミング・パース◆手作りバラエティー・ブック

10月号
◆陸奥A子のチャーミング・ラック◆萩岩睦美のウィークリー・スケジュール◆金子節子・篠崎まこと・小田空・沢田とろのミラクル・アイロンプリント◆カセット・レーベル

80年10月号

1980(昭和55)年

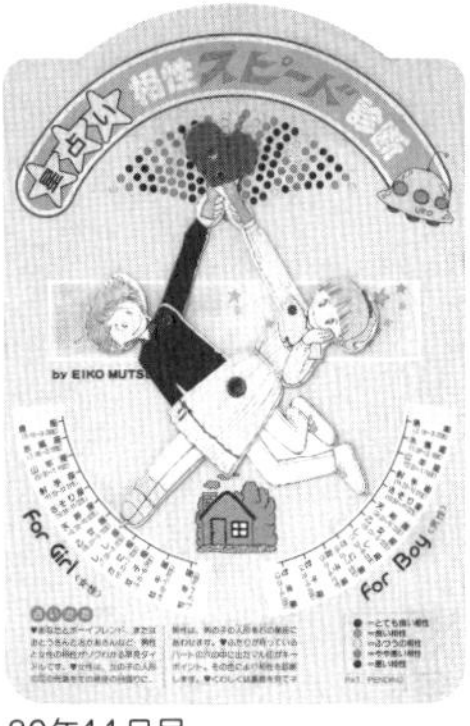

80年11月号

11月号
◆りぼんノート・トリオ◆陸奥A子の星占い 相性スピード診断◆小田空のポケットワッペン◆篠崎まことのムフフしたじき

12月号
◆陸奥A子のファンシー・トランク◆佐藤真樹のジグソーパズル クリスマスカード◆小田空のキューティ・メモ

80年12月号

1981(昭和56)年

1月号
◆「粉雪のポルカ（陸奥A子）」◆冬美タンのファッショナブル・トランプ◆秀子・節子のポスター・カレンダー◆空くんのりぼんおみくじ

2月号
◆「あのころの風景（田渕由美子）」◆陸奥A子のりぼんダイアリー◆篠崎まことのペンスタンド◆空くんのファンシー・プリント◆高橋由佳利のプリティ・シール◆たのきんブロマイド

3月号
◆小椋冬美のサイン帳セット◆太刀掛秀子のフェアリー・ラップペーパー◆空くんのネーム・カード◆A子のメッセージ・シール◆香りつきフローラル・マスコット

4月号
◆田渕由美子のデュエット・ノート◆小椋冬美のクリーミィー・バッグ◆陸奥A子のペンシル・ケース◆小田空のメッセージ・ボード◆池野恋のネーム・シール◆たのきんミニ・カード

81年2月号

1981(昭和56)年

5月号
◆小椋冬美のファッショナブル・レターセット◆小田空の空くんバッグ◆陸奥A子のシークレット・キー

6月号
◆太刀掛秀子のレインボー・フェアリー　レポート・パッド◆小田空のポップ・バッグ◆陸奥A子のシークレット・レター◆ラブチェック・カード◆小椋冬美のラブ・テスター◆萩岩睦美のキラキラ・ワッペン

7月号
◆陸奥A子のデラックス親子ノート◆小椋冬美のツイン・ボックス◆小田空のキラキラ　ティッシュ・ケース◆人気まんが家8人の占いプチ・シール

8月号
◆小椋冬美のグラフィティ・サマー・バッグ◆太刀掛秀子のフェアリー・ホルダー◆小田空のマジック・キューブ◆陸奥A子のファンシー・ファン

81年7月号

1981(昭和56)年

9月号
◆陸奥A子のリバーシブル・ファイル◆小田空のメモリー・ノート◆太刀掛秀子のパスケースとアイドルカード◆小椋冬美のグラフィティ・ポスター◆Dr.スランプ・アラレちゃんポスター◆池野恋のマジックシート◆節子・真樹・ららのポストカードとブックマーク◆沢田とろのピカピカワッペン

10月号
◆小椋冬美のグラフィティパッド◆太刀掛秀子のカセットラック◆人気まんが家8人のメロディアスカセット・レーベル◆小田空のカラー占いつきミニ・ルー

55～59年
60～69年
70～79年
80～89年
90～99年
00～09年
10～15年

82年１月号

1981（昭和56）年

ラー◆Dr.スランプのアラレ・ワッペン

11月号

◆りぼんノートカルテット（Dr.スランプ／小椋冬美／小田空／金子節子）◆太刀掛秀子のメルヘンバッグ◆陸奥A子の相性占いつきスタイルチェック・メーター

12月号

◆陸奥A子のジョイフル　レター・セット◆小椋冬美のグラフィティ・レター・ラック◆佐藤真樹のギフト・ボックス◆小田空のクリスマス・カード

1982（昭和57）年

1月号

◆小椋冬美のグラフィティバインダー／ルーズリーフ◆'82りぼんカレンダー◆Dr.スランプのラブラブ占いシール

2月号

◆小椋冬美の'82りぼんダイアリー◆Dr.スランプのアラレバッグ◆陸奥A子の血液型相性占い◆イモ欽ポスター◆萩岩睦美の超能力カード&ポスト・カード&ミニ・カード◆高橋由佳利のファンタスティック・ポスター◆小田空のスペースすごろ

1982（昭和57）年

く◆金子節子のテニスゲーム

3月号

◆小椋冬美オンパレード（グラフィティ・ノート／ステッカー／ファンシー・ケース／ファンシー・メモ／パスケース／ミニ・アイドルカード）

4月号

◆陸奥A子のチアフルセット（ローラー・スケートびんせん／チェックシャツ・パッド／したじき）◆小田空のマスコット・ハンガー◆りぼん新聞◆近藤真彦大アップポスター

5月号

◆萩岩睦美のゴールド・ノート◆小田空のシルバー・ノート◆小椋冬美のトゥインクルペンケース◆田原俊彦ジャンボポスター◆りぼん新聞人気まんが家　手相占い大特集

6月号

◆小椋冬美のチェック・ファイル◆陸奥A子のロマンス・パッド◆萩岩睦美の超能力カラー・ゲーム◆高橋由佳利の神秘のプラスティックドール占い◆アラレちゃんのポスターカレンダー

7月号

◆小椋冬美のキュート・レター／シール／バラエティ・ケース◆小田空のパスポート手帳◆りぼんアイドル・ステッカー

1982(昭和57)年

8月号

◆りぼん占い百科◆アラレのビーチ・バッグ◆冬美・空・由佳利・睦美のポストカードセット◆空のサマー・スタンプ◆A子のウォール・ポケット／レースハンカチ◆萩岩睦美のフェースペーパー／ネイルペーパー

82年9月号

82年8月号

9月号

◆小椋冬美のファッショナブル・ノート◆「ときめきトゥナイト（池野恋）」◆シブがき隊ジャンボ・ポスター◆陸奥A子のくるくる・ラブテスター／ルンルン・シール／プチ・カード◆空くん・アラレのいたずらカード◆チャーミング・ピアス

10月号

◆池野恋のランゼ・バッグ◆陸奥A子のメルヘン・ラック◆空くんのドキドキ毎日占い◆空くんの頭のたいそう◆小椋冬美のフォト・スタンド◆りぼんアイドル名鑑◆まれすけのしおり&カレンダー

82年9月号

11月号

◆萩岩睦美のジョイフルレターセット ◆ランゼのアニメ・ポスター◆ときめきトゥナイトアニメランド◆小椋冬美のミニ・ギフトカード◆りぼんヒットソングブック◆睦美・空・A子のラブリー&ネームシール

82年11月号

1982(昭和57)年

12月号

◆池野恋のランゼ・アニメトランプ◆小椋冬美のミュージカル・パッド◆萩岩睦美のミラクル・カード◆空くんのインビテーション・カード／ペンスタンド◆りぼん特製パーティー・マスク◆佐藤真樹のギフト・ボックス◆A子・由佳利のXmasカード

1983(昭和58)年

1月号

◆'83ランゼカレンダー◆小椋冬美の'83りぼんダイアリー◆萩岩睦美のお年玉ください袋◆ランゼ・マッチ・トシちゃんの年賀はがきトリオ◆まれすけ年賀スタンプ

2月号

◆ランゼスペースバッグ◆保存用実用ミ

1983(昭和58)年

二百科女の子ブック◆ランゼ星座&血液型相性チェッカー◆ときめきトゥナイトすごろく◆アイドルカセットレーベル◆陸奥A子の星座盤ゲーム◆漫画家6人のミニミニ30シール◆樹原ちさとのBF獲得ゲーム◆ときめきアニメ・ステッカー

3月号
◆ランゼサイン帳◆萩岩睦美のロング・メモ◆小田空のまれすけ下じき◆小椋冬美のミニブラシとダストパン◆小椋・小田・萩岩・沢田・おーなりのプチシール30◆りぼん特製自己診断カード

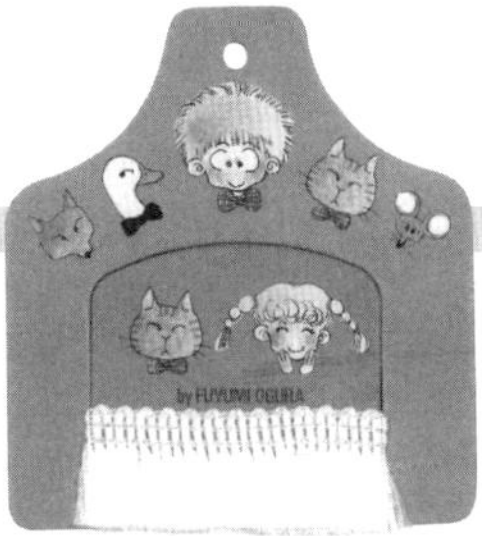

83年3月号

83年3月号

1983(昭和58)年

4月号
◆池野恋のランゼ・ノート◆萩岩睦美のポー・ノート◆小椋冬美のペンシル・ケース◆アイドル・カセット・スタンド◆ランゼ変身カード◆人気まんが家4人のペタペタ・キューティ・シール

5月号
◆池野恋のランゼ・レターセット　◆萩岩睦美のペーパーバッグ◆本田恵子のアドレス・ブック◆小田空・小椋冬美・多田かおるのビビッド・ネーム・シール

6月号
◆ランゼ・ファンシーボックス◆ポー・ランゼ・ジュリアーノの3大人気ジャンボ・ポスター◆アイドル・ポケット・ポートレイト◆池野・太刀掛・本田・多田のミラクルアイロンプリント◆小椋冬美のラブリー・ミニケース◆等身大ポーしおり◆おもしろクイズ・ブック◆かん忍!!茜モンタージュセット

7月号
◆ランゼジョイフル・ペアセット　◆ポーウィークリーポケット◆8大カセット・レーベルブック◆まんが家4人のカラフルネームタッグ◆本田恵子のおみくじ式デート&勉強うらない

1983(昭和58)年

8月号
◆池野恋のうきうきサマー・バッグ◆本田恵子のサマー・ダイアリー◆萩岩睦美のラブリー・パズルボックス2◆樹原ちさとの茜パズル◆ピカピカピアス

9月号
◆ランゼ・ミュージカル・ラック◆萩岩睦美のねむねむポー・ノート◆本田恵子・樹原ちさとのピチピチサマーポスト・カード◆トシ&マッチのジャンボ・ポスター◆アイドルヒット曲すごろく◆多田かおるのスリーウエイスケール◆マナー・ブック◆夏休み恋占い88シール

10月号
◆ポー・レターセット◆ランゼ・ファミリーボックス◆セパレート・ブック

11月号
◆ポー・オーケストラ・バッグ◆ランゼ・パッド◆小椋冬美のラブリー・キー◆本田恵子のツイン・トレー◆樹原ちさとのマスコット・プリンター

12月号
◆ランゼ・ポー・茜・りおのアイドル4・トランプ◆由佳利タンと空くんのXmasカード◆本田恵子のりおノート◆りぼんバラエティセット（冬美タンのミニギャラリー・ギフトボックス&プチカード・萩岩睦美のポーのきせかえあそび・グリーティングカード）

うとママのつぶやき

1980年代

80年代は「キラキラ」ではじまりました。［篠崎まことのキラキラ手さげバッグ］（80年2月号）をはじめに、81年1月号「キラキラ4大ふろく」、85年7月号「キラキラキラの6大ふろく」とキラキラ路線はつづいてゆきます。

乙女ちっく路線もまだまだ元気で、田渕由美子、陸奥A子、太刀掛秀子などの先生方による、ファンシーなオリジナルのイラストが、ノート、ファイル、ボックスなどを飾りました。

82年に池野恋先生「ときめきトゥナイト」、83年に萩岩睦美先生「銀曜日のおとぎばなし」、本田恵子先生「月の夜　星の朝」が連載を開始すると、ランゼ、ポー、りおちゃんなどのキャラクターたちが、ふろくのグッズを元気に飾るようになります。87年にはさくらももこ先生の「ちびまる子ちゃん」の連載もはじまり、いちやくアイドルになりました。

87年8月号

ひとつのふろくを3人、4人の先生が描くようになったのも80年代からです。

〝80年代ならでは〟のふろくアイテムで紹介すると、カセット・レーベルでは［一条ゆかり・太刀掛秀子・佐藤真樹・小椋冬美］（80年10月号）、［浦川まさる・佐々木潤子・萩岩睦美・柊あおい］（86年2月号）、アイロンプリントでは［金子節子・篠崎まこと・小田空・沢田とろ］（80年10月）、［本田恵子・浦川まさる・柊あおい・高田エミ］（86年6月）など。たくさんの先生方によって、ふろくパワーがより高まりました。

四季を先取り

りぼんっ子にはジョーシキですが、りぼんの発売日は、毎月、実際の月よりひと月早い3日。創刊号となった1955年8月3日発売の9月号から、ひと月も休まず書店に並んでいます。だから、ふろくはいつも必ず、1か月先取りして、季節を迎える準備ができるんですね。

おばあちゃん、お母さんたちが、大事に守ってきた日本古来の季節の行事や遊び、そして新しく外国から入ってきたお楽しみイベントもいち早く、ずっとふろくがフォローしています。

1月のお正月につづく2月のバレンタイン。初登場は72年でした。

89年12月号

3月は、もちろんひなまつり。80年代後半から、池野恋、さくらももこ、高田エミ、水沢めぐみ、矢沢あい、椎名あゆみといった先生方がふろくのためにおひなさまのイラストを描いています。なんてゼイタク！　卒業やクラス替えの季節にお友だちへわたすメッセージカードも欠かせません。

4月には新しいお友だちへのよろしくカードや新学期グッズ。

そして母の日、父の日、七夕。秋の行事ハロウィーンも、ふろくの世界ではとっくに定番となっています。

12月は創刊年からついているクリスマス関連ふろく。ふろくで遊んでいると、1年があっという間ですね。

84年3月号

1984(昭和59)年

1月号

◆まんが家7人の'84りぼんカレンダー◆池野恋・本田恵子の年賀ハガキ◆樹原ちさとの藤丸バンク◆多田かおるのジュリアーノ年賀スタンプ◆萩岩睦美の'84りぼんダイアリー◆萩岩睦美のポー・ブラシ

2月号

◆ポー・ファンシー・ケース◆りぼんクイズ&パズルブック◆ポー・ネームタグ◆小椋冬美のバレンタインカード&タグ◆本田恵子のバレンタインプチボックス◆池野恋のキャッシュブック◆本田恵子の月の夜星の朝ジャンボポスター◆アイドルフォー・ポスター

1984(昭和59)年

3月号

◆本田恵子のアルバムつきサイン帳◆ポー・ボックスつきブックエンド◆池野恋・高橋由佳利・小椋冬美・樹原ちさとのハッピースプリングカセットレーベル◆おーなり由子・高橋晶子・浦川まさる・橋本陽子のキューティシール◆池野恋・萩岩睦美のオールカラー絵本

4月号

◆本田恵子のりお・ハッスルプレー・バッグ◆ポー・ハンドワーク・ノート◆小椋冬美のSONOKOノート◆りぼんオール・アイドル・ステッカー◆高橋由佳利のレターペーパーつきシークレット・メッセージカード◆池野恋のスプリング・プチケース

84年3月号

1984(昭和59)年

5月号

◆本田恵子のりお&りょうワードローブ・レターセット ◆池野恋のランゼハミングラック◆りぼんオールまんが家新聞

84年3月号

1984(昭和59)年

6月号
◆ポー・ドクター・ケース◆6大れんさいイラストギャラリー◆おーなり由子のクッキングカード集◆本田恵子のリバーシブル・カセットラック◆小椋冬美のドキドキ占いスケール◆池野恋のお勉強ガンバ!! シール

7月号
◆本田恵子のマリン・ファイル◆

84年6月号

1984(昭和59)年

ポー・フレッシュ・メモパッド◆池野恋・樹原ちさとのおたのしみカード◆ランゼ・シャワーキャップ◆小椋冬美のくいしんぼウサくんネーム・タグ

8月号
◆りお&りょうサンサンサマー・バッグ

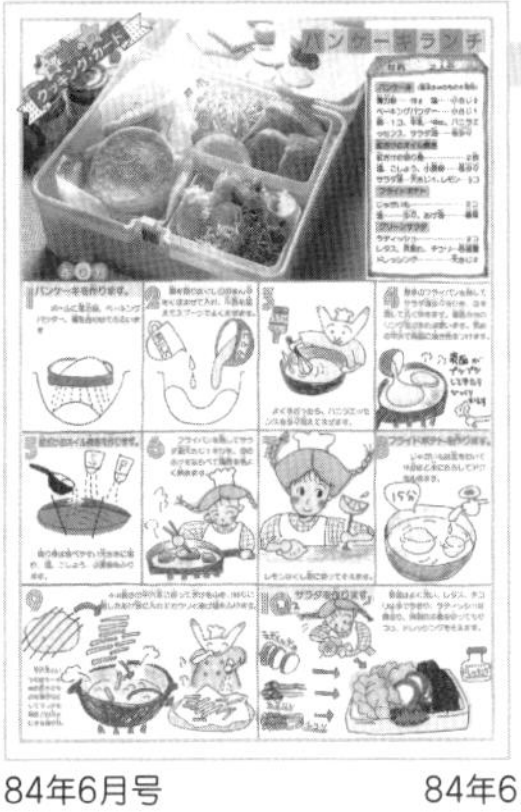

84年6月号

84年6月号

1984(昭和59)年

◆ポーサマー・ダイアリー◆ランゼサマー・イラストポストカード集◆小椋冬美のフルーティポケットティッシュ・ケース◆樹原ちさとのハッスルこのみちゃんロードゲーム&ジグソー・パズル

9月号
◆RIO&RYOスイートカップル・トランプ◆ランゼ・デイリーライフノート◆ポー・パーソナルフォトスタンド◆本田恵子・小椋冬美のジャンボポスター◆ワクワクドキドキ夏休み占いシール

10月号
◆本田恵子のりお発〜りょう行きレターセット◆ランゼ・レターラック・トリオ◆樹原ちさとのホロスコープ・ディスク(星占い盤)

11月号
◆RIO&RYOカントリーライフ・ノート◆ポー・ペンハウス◆小椋冬美のギフトセット◆ランゼ・ドール◆ランゼ手あみハンドブック

12月号
◆池野恋のおもしろランド・マガジンラック◆小椋冬美のマッチブック・メモ◆ランゼ/RIO&RYO・ラップペーパー◆ポー・プチギフトボックス◆樹原ちさと&佐々木潤子のメリークリスマス・ポスト◆RIO&RYOマジックしおり

1985(昭和60)年

1月号 ◆'85りぼんカレンダー◆本田恵子の'85りぼんダイアリー◆池野恋のランゼ・メモスタンド◆萩岩睦美と小椋冬美の年賀ハガキ◆佐々木潤子のりぼんおみくじ ◆浦川まさるのいるかちゃんラッキー絵馬

2月号 ◆池野恋のランゼ&ヨーコ・フレンドリーバッグ◆本田恵子の'85りぼん手帳◆りぼんお楽しみバラエティセット（浦川まさるのおおあばれいるかちゃんすごろく／りぼんオールスター・チャームシール&ステッカー／ラブリーアイドル・カセットレーベル／吉川晃司のピンナップ集）

3月号 ◆池野恋のランゼ&ヨーコ ラブリーファイル ◆本田恵子のLPジャケットサイズ・スクエア・ペーパーバッグ◆佐々木潤子のビタミン・ボックス◆小椋冬美のメモリアル・カード◆人気れんさいキャラクター豆シール52

4月号 ◆池野恋のオールカラー・ノート◆本田恵子のスイート・アルバム◆佐々木潤子のワンダーランドしたじき◆3大れんさいヒーロージャンボポスター◆萩岩睦美の科学万博・集英社館イラスト・ルポ

85年4月号

85年4月号

1985(昭和60)年

5月号 ◆池野恋のランゼ&ヨーコの子ブタの学校レターセット◆本田恵子のりお&りょうワン・ツー・ハミングデスクラック◆樹原ちさと・高田エミのフレッシュアイドル・ポストカード

1985(昭和60)年

6月号 ◆池野恋のルンルンおべんとバッグ◆「有閑倶楽部（一条ゆかり）」◆本田恵子のスイート・ポリバッグ◆高田エミのシェリーフォトスタンド◆萩岩睦美のピアちゃんシェルカード◆小椋冬美のラブリー・カード ◆オセロゲーム

85年5月号

85年5月号

1985(昭和60)年

7月号
◆萩岩睦美のランドリー・ピア♡バッグ◆樹原ちさとのシールつきオールカラーこももメモ◆池野恋／本田恵子のピンナップ・ベスト5◆浦川まさる・佐々木潤子のアイラブ♡サマー・ポストカード◆高田エミ・岡田あ～みん・ところはつえのネームカード

1985(昭和60)年

8月号
◆ランゼ・りお・まなみ・こももトラベルトランプ◆萩岩睦美のピア・レターセット◆高田エミのひとりでできるトランプ占い◆ところはつえのおもしろすごろく

85年8月号

1985(昭和60)年

9月号
◆「ときめきトゥナイト番外編(池野恋)」◆本田恵子のラブリー・スクールデイズ・バインダー&ルーズリーフ◆池野恋のYOKOイヌのおやすみ貯金箱◆フレッシュアイドル・ピチピチサマー・シール

10月号
◆りぼんおもしろノート・トリオ（樹原ちさと／萩岩睦美／佐々木潤子）◆本田恵子のRIO&RYOクラッチ・バッグ◆池野恋のときめきハウス型ブックエンド

11月号
◆池野恋のソーイング・ボックス　◆水沢めぐみの〝ピッタリBF〟ゲームコミック◆岡田あ～みんの〝パパから逃げろ〟ゲームコミック◆樹原ちさとの星座相性ダイヤルチェッカー◆岡田あ～みんのモヒカン父さんブラシ◆水沢めぐみの結ちゃんミニ♥アルバムシール　◆ところはつえのスリーウエイ・スケール

12月号
◆池野恋のフレー！フレー！ボックス◆水沢めぐみのゆいちゃんレター・セット◆佐々木潤子のらくがきノート◆樹原ちさとのこももと仲間の着せかえドール◆小椋冬美のクリスマスカード

1986(昭和61)年

1月号

◆'86りぼんデスクカレンダー◆水沢めぐみのゆいちゃんバッグ◆池野恋のジャンボ・ポスター◆池野恋のタイムトラベルすごろく◆本田恵子のラップペーパー◆小椋冬美のプチ・ギフトボックス◆樹原ちさとのお年玉ください袋／トンフー年賀スタンプ◆浦川まさる・佐々木潤子の年賀はがき

2月号

◆池野恋の'86りぼんダイアリーとスケジュール・シール◆水沢めぐみのメロディー・バッグ◆浦川まさる・佐々木潤子・萩岩睦美・柊あおいのカセット・レーベル◆本田恵子のバレンタイン・ボックス◆職業適性チェックカード◆樹原ちさとのアドレス・ブック

3月号

◆水沢めぐみのゆいちゃんおもいでノート◆池野恋のランゼメイルボックス◆浦川まさるのいるかちゃんウキウキロールカバー◆樹原ちさとのこももサーカスプチバッグ◆池野恋のすきすき大すきヨーコ犬シール◆本田恵子・樹原ちさと・佐々木潤子・小椋冬美・岡田あ～みん・柊あおいのミニ♥メッセージカード

4月号

◆本田恵子のさくらパピプペ・ポーチ◆池野恋のランゼおかいものノート◆水沢めぐみの結ちゃんミルキー・バッグとミルキー・タッグ◆いるかちゃんスーパーしたじき◆柊あおいの香澄ちゃんエチケットケース

1986(昭和61)年

5月号

◆本田恵子のさくら&十三ぼでぃらんげ～じレターセット◆池野恋のピクニック・バッグ◆水沢めぐみのブンブンひこうきレターラック◆岡田あ～みん・赤座ひではる・ところはつえのわくわくレター・スタンプ

6月号

◆「ときめきトゥナイト」◆「お父さんは心配症（岡田あ～みん）」◆結ちゃんデイリー・ボックス◆池野恋のどすこい!! ヨーコ犬メモ&ミニふうとう◆樹原ちさとの父の日カード◆本田恵子・浦川まさる・柊あおい・高田エミのアイロンプリント

7月号

◆ランゼ&ヨーコえにっきふぁいる◆結ちゃんスイミングバッグ◆こもティッシュケース&しおり◆香澄ちゃんわくわくおやつブック◆高田エミのシロちゃんネームタグ◆りぼんの仲間がせいぞろいわいわいワッペンシール

1986(昭和61)年

8月号

◆フレッシュアイドル5人の胸キュン女

86年8月号

86年8月号

1986（昭和61）年

の子トランプ◆ランゼ&ヨーコカードレター・セット◆萩岩睦美のサマー・ダイアリー◆池野恋のジャンボ・ポスター◆高田エミのペーパーマッチ型プレゼントカード

9月号

◆池野恋の曜子ショップノート◆水沢めぐみのかんごふさんノート◆香澄ちゃんスキップ・バッグ◆こももののペンキ屋さんメモスタンド&メモ◆岡田あ～みんのお父さんは冷え症うちわ◆まんが家９人の夏休み占いシール

10月号

◆池野恋のケーキハウス・ボックス◆

1986（昭和61）年

水沢めぐみのキラピカッ・バッグ◆香澄ちゃんメモ◆萩岩睦美のラップ・ペーパー◆水沢めぐみのでかでか・ワッペンシール◆池野恋のビッグ・シール◆人気まんが家7人衆りぼんワイワイおもしろカード・セット◆樹原ちさとの介松おヒゲブラシ

11月号

◆ランゼ着せかえレターセット◆「いるかちゃんヨロシク（浦川まさる）」◆萩岩睦美のわーい！アニマルコミックス・ラック◆ザ・まんが家タイムズ

12月号

◆池野恋のわくわくランドペンシル・ボックス&ジグソー・パズル◆「ガールの法則（本田恵子）」◆結ちゃんシャワーキャップ◆シロちゃんメッセージボード&テレフォン・メモボード◆香澄ちゃんツリー・ボックス◆手づくりマスコットブック

1986（昭和61）年

86年12月号

86年12月号

55～59年
60～69年
70～79年
80～89年
90～99年
00～09年
10～15年

1987(昭和62)年

87年1月号

1月号

◆池野恋のビニールカバーつき'87りぼんダイアリー＋アドレス帳◆'87りぼんカレンダー◆柊あおい・矢沢あいのあこがれカップル年賀状◆萩岩睦美のりぼんおみくじ◆水沢めぐみのお年玉くださーい袋◆さくらももこのちびまる子ちゃん年賀スタンプ◆高田エミのシロちゃんスキー大会すごろく◆岡田あ～みんのお父さん福笑い&お父さんから逃げろ!!ゲーム

87年1月号

87年1月号

2月号

◆池野恋のランゼおしゃれトランク◆「お父さんは心配症」◆一条ゆかりの有閑倶楽部指名手配ポスター◆柊あおいのKASUMI&SATOSHIラブリー・ピンナップ◆萩岩睦美のうさぎ年の恋のおまもりラブ・メッセンジャーヨネちゃんうさぎ◆さくらももこの開運・お祝いシール◆水沢めぐみのミスター・バレンタインカード◆柊あおいのラブ・テスター◆シロちゃんバレンタイン・スイートボックス◆恋のレッスンブック

3月号

◆柊あおいの香澄ちゃんおもいでアルバム◆ランゼ　ジュエルボックス&ネーム・タグ◆萩岩

87年3月号

87年3月号

87年1月号

87年3月号

1987(昭和62)年

睦美のトメ&ヨネちゃんプリティー・バッグ◆佐々木潤子の夢ちゃんマジック・メモボード◆水沢めぐみ・さくらももこのオールカラーミニ絵本◆水沢めぐみの結ちゃんポケットシール◆岡田あ～みんのお父さん合格まねき猫◆シロちゃん合格はちまき

4月号
◆ランゼときめきスタンド・オールカラーノート◆香澄ちゃんロールティッシュ・ハウス◆トメ&ヨネちゃんミニルーラー・メイツ◆シロちゃんペンシルケース◆本田恵子の花音ちゃんしたじき◆岡田あ～みん・さくらももこのえんぴつシール◆佐々木潤子の夢ちゃんリズミック・フォトスタンド

5月号
◆香澄ちゃんクッキータイム・レターセット◆池野恋のときめきトゥナイトポスター◆トメ&ヨネちゃんハンカチ・ステーション◆本田恵子・浦川まさるの㊙メッセージ・ポストカード&銀マスクシール◆シロちゃんツメみがき棒

1987(昭和62)年

6月号
◆香澄ちゃんキャピキャピ・ミラーつきおしゃれラック◆ときめきトゥナイトメモリアルシーン・コレクション◆佐々木潤子の夢ちゃんレッツ・ハイキングバッグ◆水沢めぐみの父の日カード◆りぼんオールスター元気㊞わいわいシール◆シロちゃん変身うちわ◆岡田あ～みんのお父さんはベロベロベエ・メモ&ケース

7月号
◆柊あおいのマリンメイツ・ケース◆ときめきトゥナイトシールブック◆水沢めぐみ・さくらももこの折りたたみレター◆シロちゃん海の子バッグ◆アイロンプリント（柊あおい・佐々木潤子・樹原ちさと・岡田あ～みん）◆トメ&ヨネちゃんデリシャス・コースター

8月号
◆香澄ちゃんウキウキスイム・バッグ◆香澄・メロディ・シロ・キララ・お父さんドキドキえにっきトランプ◆ときめきトゥナイト特大サマーピンナップ◆水沢めぐみのメロディ&アークのぶんぶんひこうきすごろく◆さくらももこのまるちゃん夏休みブック◆トメ&ヨネちゃんわくわくメールふうとう

9月号
◆香澄ちゃんサンデー・バッグ◆メロ

1987(昭和62)年

ディおしゃれノート◆りぼんオールスター　シール&ステッカー・ワールド◆シロちゃんティッシュケース&しおり◆メロディのべんりチケット・コレクション◆ちびまる子ちゃんのふしぎラブチャンスうらない／ネームスタンプ

10月号
◆香澄ちゃんスイート・ソーイングハウス／きせかえドール◆メロディ　メモパッド◆シロちゃんキャンディー・ペンカップ◆メロディおしゃれブック◆岡田あ～みん・さくらももこのインデックス・シール◆インディアンまるちゃん羽根かざりブラシ◆きたうら克巳のチャーミング聖羅ブックマーク

11月号
◆香澄ちゃんリボンラップ・レターセット◆メロディおやつボックス&メロディネームタグ◆りぼんおもしろクイズ新聞

12月号
◆香澄ちゃん　ひとりタイム・ノート◆メロディわくわくクッション◆ランゼウキウキラッピングブック◆シロちゃんおもしろタウンラップペーパー◆まるちゃんバンドるんるんボックス&メッセージカード◆香澄ちゃん　スイート・バッグ◆浦川まさるの九太郎のピカピカツリー・カード

88年2月号

1988(昭和63)年

1月号
◆'88りぼんカレンダー◆柊あおいの'88りぼんダイアリー＋専用ビニールカバー＋アドレス帳＋香澄ちゃん応急手当カード＋スケジュールシール◆水沢めぐみのメロディ&ハチの開運羽子板◆高田エミのシロちゃんサイコロおみくじ◆おたのしみ　お年賀わいわいセット（池野恋のお祝いのし紙／本田恵子のお年玉ぐさい袋／さくらももこのお年賀短ざく／萩岩睦美の新春はしおき）

2月号
◆柊あおいの香澄ちゃんのびっくりボックスドン♪ジャン♪プーCAN◆「お父さんは心配症」◆さくらももこのまるちゃんカルタ◆水沢めぐみの幸運のおまもりと開運・おまじないシール◆池野恋のなるみちゃん　バレンタインハートフル・カード

1988(昭和63)年

◆シロちゃん　バレンタインボックス◆岡田あ～みん・浦川まさるのお父さん・九太郎の変身めがね

3月号
◆メロディおもいでノート◆香澄ちゃんワードローブ・ベンチボックス◆柊あおい・浦川まさるのスーパー元気ピンナップ◆池野恋のときめきランドのおひなさま◆シロちゃんミニレターセット

4月号
◆香澄ちゃんおべんとぶくろ◆なるみちゃんクッキング・ペア・ノート◆メロディ　ウィークリー・メモボード／クラススケジュール&ウィークリー・シール◆シロちゃんペンケース◆柊あおい・一条ゆかり・浦川まさる・さくらももこ・岡田あ～みんの新学期よろしく！めいし／スタンプ／スーパー・キャラクター念力おまもり

5月号
◆香澄ちゃんホビータイム・バッグ◆池野恋のみんなでパーティー・レターセット◆水沢めぐみのメロディ　シグナル・ペンスタンド&ネームタグ◆シロちゃんパラパラ・メモ

6月号
◆池野恋のときめきトイランド・バスケット◆香澄ちゃん　ハンドメイドクラブ・ミニファイル◆りぼんオールアイドル♥シール&ステッカー・コレクション◆まるちゃんめっせ～じフラッグ◆水沢めぐみのパーティー・ミニノート◆シロちゃんちびバッグ

7月号
◆なるみちゃん海だいすきバッグ◆香澄ちゃんおまじないつきおともだちノート◆メロディ　パタパタふぁん◆シロちゃん　テレファックス・メモ◆佐々木潤子

1988(昭和63)年

88年8月号

1988（昭和63）年

のじゃんけんぽん!テレカシール◆は〜い! まるちゃん着せかえセット◆メロディ 七夕かざりセット◆香澄ちゃんホロスコープダイアル

8月号

◆しあわせ花ことばトランプ&しあわせ花ことばカード◆香澄ちゃん夏休み手帳◆まるちゃんおばけごっこレターセット◆ときめきトゥナイトスーパーワイド・ピンナップ◆シロちゃんミニ救急ケース◆ひとりでできるドリーム♡トランプ占い◆岡田あ〜みん・さくらももこの夏のごあいさつ札セット

9月号

◆「星の瞳のシルエット番外編（柊あおい）」「ねこ・ねこ・幻想曲番外編（高田エミ）」◆なるみちゃんみんなでワッショ

88年9月号

1988（昭和63）年

88年9月号

イ!! じゃんぼバッグ◆じゃんけんぽん! おしゃれケース◆香澄㊞シュガーポット◆シロちゃんキャンディー・ミニかご&フォトケース◆まるちゃんウォッチメモ◆シロちゃん折りたたみスケール

10月号

◆池野恋のときめきスポーツランドコレクションノート◆香澄ちゃん女の子ボックス◆シロちゃん シールブック◆佐々木潤子の清香&由布子のスポーツわっしょい・セット◆まるちゃんミニハンガー◆高田エミのスペース☆キャットブラシ◆まるちゃんドキドキ毎日うらない

11月号

◆香澄ちゃんらんちタイムクッキング・レター◆まるちゃんナイスデイ・バッグ◆池野恋・高田エミのジャンボポスター

1988（昭和63）年

◆シロちゃんすい〜とリボンケース◆清香&由布子のかいらん板メモ◆ときめき相性チェック・ディスク

12月号

◆ときめき大サーカスりぼんファイル◆香澄ちゃんスキップバッグ◆まるちゃんわくわくクリスマスブック&クリスマスキラキラシール◆シロちゃんテーブル・クリスマスツリー&テーブル・ネームスタンド◆北原菜里子の紬ちゃんハローバッグ

88年11月号

1989(平成元)年

1月号

◆池野恋の'89りぼんシステムダイアリー◆星座別運勢つき'89りぼんカレンダー◆高田エミのシロちゃんお獅子バンク◆さくらももこのまるちゃん打ち出の小槌おみくじ◆新年おめでとうおたのしみセット（池野恋のお年玉くださ～い！袋／柊あおいの初夢枕／さくらももこの開運姉さま人形／吉住渉の開運カード）

89年1月号

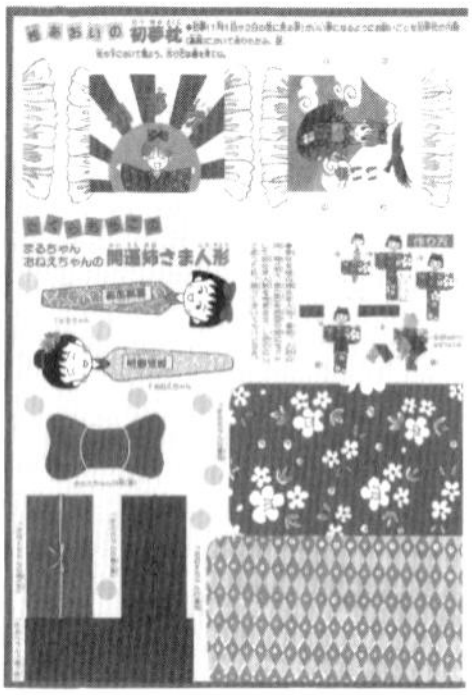

89年1月号

1989(平成元)年

2月号

◆池野恋のなるみちゃんラブリー・ボックス◆柊あおいの香澄ちゃんバレンタイン大作戦BOOK◆まるちゃん流ことわざカルタ◆シロちゃんピカピカシルバーバッグ◆池野恋のチップル幸運のフローラルマスコット◆吉住渉の未央ちゃんバレンタインハッピーシール

3月号

◆シロちゃんスイート・レターセット◆

89年2月号

89年2月号

1989(平成元)年

89年2月号

Ⓜ もとめよ さらば たまにはあたえられん（もとめよ さらば あたえられん）	め が口ほどに 物を言ったら 気持ち悪い（目は口ほどに物を言う）	む りを言って 友を失う（むりが通れば 道理がひっこむ）	み イラとりって どんなお仕事してる人？（ミイラとりが ミイラになる）	ま けたら まけだよ（まけるが 勝ち）
を からはじまる ことわざはあらず（ももこの オリジナル）	わ らう門《かど》には 福笑《ふくわら》いあり（わらう門には 福きたる）	よ いごしの金は 使わず貯金《ちょきん》する（よいごしの 金は使わぬ）	ゆ だん大敵《たいてき》 まるちゃん天敵《てんてき》（ゆだん 大敵）	や け石に イモ（やけ石に 水）
ろ ーマは 半日《はんにち》にして着《つ》かず（ローマは 1日にしてならず）	れ いもすぎれば わざとらしい（礼すぐれば へつらいとなる）	る いは りぼん読む（るいは 友をよぶ）	り ょう方聞く までもない（りょう方聞いて きばけ）	ら い年の目標言えば みな笑う（らい年のことを言うと オニが笑う）

89年2月号

1989(平成元)年

香澄ちゃんフォトケースつきサイン帳◆池野恋のランゼ&なるみティッシュボックス◆まるちゃんおひなさま◆吉住渉の合格おまもり

4月号

◆なるみちゃん英語のおべんきょノート◆まるちゃん人生すごろくノート◆柊あおいのハニー・ケース◆高田エミのくるくる絵あわせパズル◆さくらももこのピッカぴかメモ◆池野恋のハウス型まき尺◆萩岩睦美のティーカップ時間割り◆吉住渉の新学期ごあいさつシール

5月号

◆なるみちゃんサファリ・ボックス◆まるちゃんスポーツきんちゃく◆未央ちゃ

89年3月号

1989(平成元)年

んあみだメモ◆花ちゃんオーシャンランド・ペンケース◆高田エミのハーイ!!シロちゃん　アイロンプリント◆柊あおいの母の日カード◆水沢めぐみのお買物おねがいチケット&おてつだいチケット◆シロちゃん　こいのぼりミニ・ワールド&リング恋うらない

6月号

◆なるみちゃん　パズルランド・バインダー・ルーズリーフ◆吉住渉・萩岩睦美のわくわくワイド・ピンナップ◆水沢めぐみの朝ちゃん　おしゃれカード◆シロちゃん　傘カバー◆さくらももこのニコニコまるちゃん3点セット（テーブルミニトレー／父の日カード／てるてるぼうず）

89年7月

1989(平成元)年

7月号

◆なるみちゃん　サマーバッグ◆未央ちゃん&一哉　サマータイム・レターパッド◆朝ちゃん　ごきげんスマイル3点セット◆シロちゃんトランク◆くいしんぼまるちゃんうちわ◆萩岩睦美の花ちゃんひえひえコースター

8月号

◆ファッション用語辞典トランプ◆なる

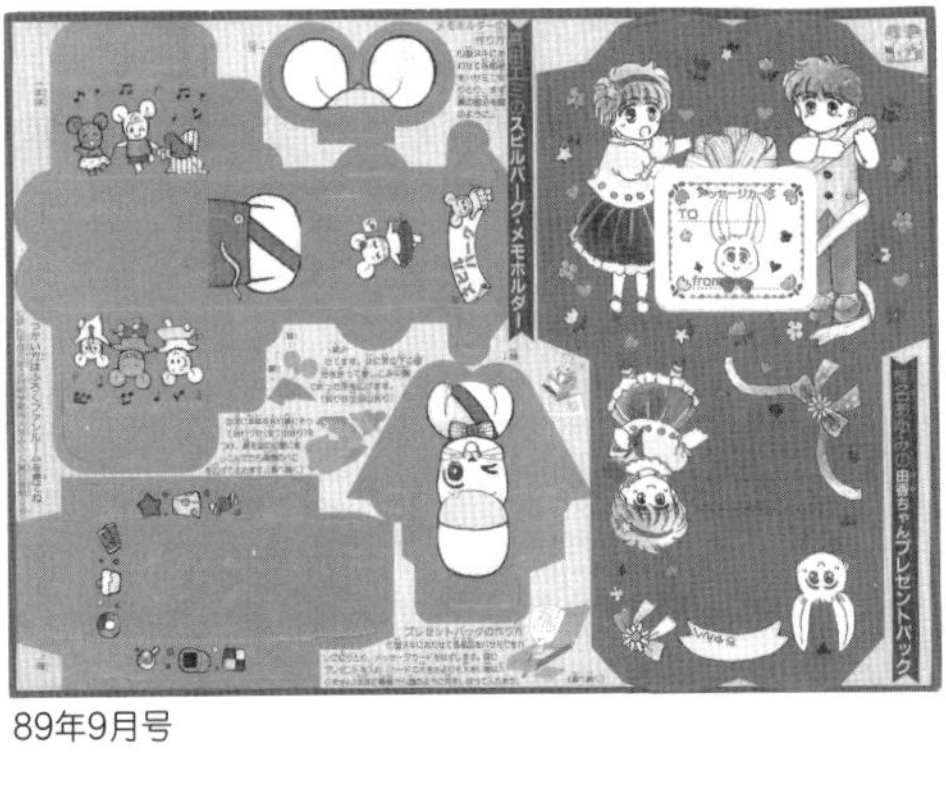

89年9月号

1989(平成元)年

みちゃん　わくわく空気まくら◆まるちゃん　夏休みダイアリー／ダイアリーシール／おてんきスタンプ&おてがみスタンプ◆水沢めぐみの夏休みおやつメニュー・クッキングブック◆夏休みわくわくドキドキトランプブック

9月号

◆なるみちゃん恋日記ノート◆ファッショナブル未央ちゃんラブリーバッグ◆シロちゃんミュージックボックス◆朝ちゃんマスコット&きせかえシール◆高田エミのスピルバーグメモホルダー&メモ◆椎名あゆみの由香ちゃん　プレゼントバッグ

89年9月号

10月号

◆なるみちゃん　ハイキングセット（ランチボックス／すごろくつきハイキング・シート）◆「ハンサムな彼女番外編（吉住渉）」「空色のメロディ番外編（水沢めぐみ）」◆まるちゃん　メモパッド◆柊あおいの雫ちゃん　TORIOうらない◆朝ちゃん　きゅーきゅーばんケース◆シロちゃん　マイブック・シール

1989(平成元)年

11月号

◆池野恋のときめきレターセット◆吉住渉のステーショナリー・ボックス◆さくらももこのドリーミングティッシュカバー◆高田エミの運動会おたすけ隊セット

12月号

◆ときめきりぼんボックス◆吉住渉のファンクラブ　ノート◆水沢めぐみのクリスマスグッズアイデアブック◆さくらももこのエンゼルブラシ◆高田エミのクリスマスミニ・シール◆矢沢あいのクリスマスパック◆シロちゃん・まるちゃん・未央ちゃん　クリスマスバラエティーセット

89年12月号

1989(平成元)年

89年12月号

89年12月号

第３章

金・銀・カラーの別冊まんがたち

少女まんがの歴史を築いてきた「りぼん」は、
別冊まんがも圧巻です。
ここでは特に「カラーシリーズ」を取り上げます。

別冊ふろく「カラーシリーズ」

りぼんのふろくは、銀と金の名のついた2冊の別冊からはじまりました。

創刊号（55年9月号）2大ふろく「銀の別冊　昭和名作漫画　こっくりさん」と「金の別冊　世界名作えばなし　イソップ」、それぞれ、背に金と銀のテープがはってあるのが目印です。第1がまんがの銀で、第2が読み物の金にするなんて、まんがにかけるりぼん創刊の心意気が伝わってくるようです。2号の銀は、「ぴぴちゃん」（手塚治虫）でした。

そして、「りぼん文庫」「こけし文庫」「こばと文庫」などとつづき、テレビ・ラジオの人気モノのまんが化、生活・おしゃれの実用書、歌詞集などが別冊になっています。

まんがには、牧美也子先生「マキの口笛」、横山光輝先生「おてんば天使」、赤塚不二夫先生「ひみつのアッコちゃん」などがあり、ページの柱に「このつづきは本誌の×ページへ」などと書いてある、本誌と別冊の連係プレーも別冊ふろくの醍醐味でした。

別冊ふろくは、60年間で全部で約600冊以上あります。そのなかで、もっとも長い年月つづいたシリーズが、この章でご紹介する「カラーシリーズ」全

57年3月号

55年10月号

57年1月号

78冊（本誌77冊＋増刊1冊）です。63年5月号に「カラーブックス」という名でスタートし、2巻目から「カラーシリーズ」となって、69年9月号までつづきました。

各巻には、こんなメッセージがかかげられていました。

〈おおくの人に、すぐれた漫画をよんでいただきたい。この願いをこめておおくりするのが「りぼんカラーシリーズ」です。ひとつひとつの作品が、いつまでも、みなさんの心のかたすみに生きつづければ、うれしいと思います。

りぼん編集部〉

ふろくんの@検索

貸本まんが

今DVDやCDをレンタルショップで借りるように、昔はまんが本をお店で借りて読むことができたんだって。

55年12月号

58年10月号

55年11月号

貸本まんがの先生方を中心にはじまったシリーズでしたが、毎回、新人の作品・原作の公募が大きくのり、63年にはりぼん新人まんが賞も創設されて、シリーズが終わったときには、りぼんから生まれた先生方が、大活躍するようになりました。

そして、シリーズが終わった創刊15周年記念号で、創刊からついていたお母さんむけの「おかあさまのページ」（69年1月号から「ママといっしょ」）が姿を消しました。

このシリーズをさかいに、少女まんがと、日本の少女の歴史がかわったと言っても、けして言いすぎではない。わたしはどうもそんな気がしてならないのです。

★友情物語　① 1963年5月号

祇園を舞台にした身分違いの
少女ふたりの運命

「ふたりの花物語」

竹本みつる

祇園の大料亭の箱入り娘で足の不自由な小菊と、下働きから舞子になった娘おいとの強いきずなと友情を描く。

★世界名作　② 1963年6月号

小高い丘に建つ銅像の王子と
けなげなつばめの愛

「しあわせの王子」

くぼたまさみ　原作 オスカー・ワイルド

王子の銅像が、不幸な人々に自分の身体の宝石や金箔を与える。運び役のつばめが雨風に立ち向かう姿が泣かせる。

★人情物語　③ 1963年7月号

“風の子”が語りかける
入江しげる先生の傑作

「そよ風の歌」 原題／おいらは風の子

入江しげる

絵物語ふう短編「戦争できずついた人」「おねしょの三ちゃん」など15話収載。主人公の「おいら」の情が心にしみる。

★家族愛物語　④ 1963年8月号

出生の秘密を知った少女の
苦悩と成長

「母子草」

芳谷圭児　原作 小糸のぶ

夫の戦死後に3人の子をかかえて洋裁で生計を支える母と、実母ではないと知った子たちとの葛藤を描く感動作。

★世界名作 ⑤1963年9月号

今も昔もりぼんっ子が好きな
プリンセスの恋の大冒険

「ローマの休日」

水野英子

某国のアン王女が訪問先のローマでくりひろげる恋の大冒険。王宮を脱走して出あった新聞記者と恋におちる。

★学園物語 ⑥1963年10月号

やんちゃな3人組が
大人顔負けの大活躍

「花嫁さんばんざい」

伊東章夫

マリ・三枝・さなえのおませな小学生の仲良し3人組が、担任の女先生とおじさんとのキューピッド役になる。

★愛情物語 ⑦1963年11月号

孤児院の少女が幸せを
つかむ感動物語

「小さな花」

わたなべまさこ

孤児院の少女が、病弱なルームメイトの縁で富豪に引き取られる。ミステリアスな物語が愛の結末につながる。

★奇跡物語 ⑧1963年12月号

クリスマスにおこった奇跡
真実のとびらが開く

「クリスマス物語」

竹本みつる　詩 星野哲郎

幸せな家庭が破産して7年目のクリスマス。不幸をなげきつづけた夕子に奇跡が起こる。星野先生の作中歌が傑作。

カラーシリーズ・インタビュー

竹《たけ》本《もと》みつる先生

記念すべき、カラーシリーズ第1巻目の作者、そして、シリーズ最多の9作をお描きになった竹本みつる先生のお話です。

手塚治虫先生の「新宝島」が、まんがを描くきっかけでした。昭和22年に出た本ですから、読んだのは中学校へあがるころだったと思います。東映映画などをみては、見よう見まねで映画をまんがにしたのを手はじめに、高校生になると北陸本線で1時間くらいの金沢までしょっちゅう行っては、「北國新聞」の「少年プレス」という少年版のページに、さし絵や子どもまんがを描かせてもらいました。自分のまんがを描いてみようと思ったのは、高校を卒業してすぐです。ずっと描いたり消したりしている「少女と宝石」という少女まんががあって、それを抱えて上京し、ある出版社をたずねると、編集者のOさんが松本零士さん（まだ晟といっていましたが）

「亜紀と11人の仲間」

「ふたりの花物語」

たけもと・みつる　1936年12月16日、兵庫県神戸市生まれ。射手座、B型。貸本まんが「雪姫ひとり旅」でデビュー。カラーシリーズをもっとも多く描いた。著書に「まんが百人一首事典」。

を紹介してくれました。松本さんはわたしの大恩人です。わたしをトキワ荘に連れていき手塚先生に紹介してくれて、「少女と宝石」を見ていただくことができました。手塚先生は決してほめません。わたしにとって最後まで厳しい〝まんがの神様〟でしたね。

2作目を描いてOさんに見てもらうと、若木書房という貸本マンガの出版社を紹介してくれて、1冊分128ページか短編32ページを毎月描くようになりました。そこで描いたうちのひとつがカラーシリーズ第1巻になった「ふたりの花物語」です。自信作でした。もう50年以上前のことですからどうして「りぼん」を訪ねたかはっきり覚えていないのですが、編集部でUさんというこわもての編集長が読んでくれて、「良かった。うちでなんとか日の目を見られるようやってみるよ」と言ってくれました。それからカラーシリーズがはじまって、全部で9作描いています。

読者からのお手紙はうれしかった。仕事が遅くて、1か月で32ページ描くのがやっとのわたしが128ページ描くのは大変でしたから、そのうれしさは今でも忘れられません。

ふろくんの@検索

若木書房
貸本まんがを多数発行していた出版社。

若木書房発行の単行本

「明日になれば」

「お姉さんのいる街」

★闘病物語　⑨ 1964年1月号

脊椎カリエスの息子と
病と闘う一家の感動

「お母さんの骨をもらって歩けた」

芳谷圭児　原作 今野喜美子

治療費で極貧の生活に耐えつつ愛児が骨を移植して歩けるまでを描く。表紙を色とりどりのオリヅルが飾る。

★動物物語　⑩ 1964年2月号

北海道の競走馬牧場で
活躍する元気な少女

「あかね雲のうた」

つのだじろう

副題は「タケル日高物語」。おてんば娘マチが、足に傷を負った子馬タケルへ注いだ健気な愛情とその暮らしを描く。

★海外物語　⑪ 1964年3月号

テキサスの牧場を舞台に
少女の嘆きを描く

「この丘でないてくれるな」

川崎のぼる

牧場の美しい娘が自分の出生の秘密を知り悩む。西部劇ならではの激しい銃撃戦の場面が圧巻で息もつかせぬ展開。

★自立物語　⑫ 1964年4月号

母の愛がカンテラのように
暗い一家の心を照らす

「銀のカンテラ」

保谷よしぞう　原作 今井智恵雄

炭鉱暮らしの少女が、母の死を乗り越え、崖から落ちて新鉱脈を発見。小学校を卒業する。原作者は小学校の先生。

★姉妹物語　⑬ 1964年5月号

はなればなれになった姉妹の
強いきずな

「お姉さんのいる街」

竹本みつる

姉の結婚を喜べない妹里子が成長し、中3の修学旅行で金沢の姉に再会する。最後は駅のホームで、涙涙の名場面。

★母子物語　⑭ 1964年6月号

昭和を代表する創作民話
力強い感動

「竜の子太郎」

藤木輝美　原作 松谷みよ子

貧しい山奥の少年太郎が、村の掟を破り竜になった母とともに北の湖で奇跡をおこす。天地に挑む竜の勢いが圧巻。

★根性物語　⑮ 1964年7月号

農村で耐えぬく嫁の
けなげな努力

「荷ぐるまの歌」

貝塚ひろし　原作 山代巴

男を生まないという理由で姑にいじめられる嫁が、荷車問屋をひらく夢にむかう。原作は映画・舞台化された。

★歴史悲話　⑯ 1964年8月号

収容所で生き別れた
母子の感動秘話

「お母さん生きていてよかった」

芳谷圭児　談 安英子

終戦後も現地で18年間暮らした安英子さんの波乱の実話。最終ページの写真では再会した母子がにっこり微笑む。

カラーシリーズ・インタビュー

芳《よし》谷《たに》圭《けい》児《じ》先生

芳谷先生は、1作の共作を含めて6作を描いてくださいました。デビューするまでと、デビュー後のエピソードをお聞きしました。

「愛と死をみつめて」

りぼんの編集者のKさんと出会ったのは、池袋のゴーギャンという飲み屋でした。その店のマスターは日活で働いていた人で、詩人・山之口獏さんなど物書きや映像関係者がいつもにぎやかに集まっていて、そこにKさんも飲みに来ていたんです。

父は児童まんが家でしたから、父の紹介で金園社という御徒町にある小さな貸本まんがの出版社からデビューしました。児童から一字とって圭児というペンネームにしてくれたのも父です。ぼくは胸を病み、学校を休んで描いていました。10冊以上出したところで、20歳くらいで再発してまた自宅療養。池袋で毎晩のん

「星空のマリア」

よしたに・けいじ　1937年1月19日生まれ、やぎ座。東京都出身。父親は児童まんが家の芳谷まさる。54年に貸本まんが「友情三つの星」でデビュー。代表作に、「高校生無頼派」。

だくれていたのが、ゴーギャンでした。えっ？　療養中はお酒はいけないって？　いやいや（笑）。狭い店でまんが家はあまりいなかったな。Kさんもそれが気楽で飲みに来ていたんでしょうね。

カラーシリーズは6作で共作を1作書いています。「お母さんの骨をもらって歩けた」は脊椎カリエスの子どもの話ですが、ぼく自身の病気の経験が生きていますね。「お母さん生きていてよかった」では、戦後18年後に帰国した安さんを自分で取材しに行き、取材の様子がまんがの後に写真で出ています。「聖ハレンチ女学院」は、赤塚不二夫と古谷三敏と3人の共作です。赤塚がアイディア、ストーリーをつくって、キャラクターごとに担当をきめて、ぼくは女性が得意だったので王女さまを描きました。

128ページを約ひと月で描きます。アシスタントはいません。せっぱつまってくると、手伝いの友人をひとり呼んで、集英社の筋向いの旅館に一週間、缶づめになりました。朝も昼も夜もなく、24時間描く。一週間で寝たのが10時間というときもありました。

ぼくのまんが家人生で言うと、少女まんがから青年誌にうつってゆくちょうど真ん中がカラーシリーズでした。20代後半から30歳になるころのことです。

缶づめ

旅館やホテルに泊まりこみでまんがの原稿をひたすら描くこと。

「オリバーツイスト」

★母娘物語　⑰ 1964年9月号

大人気の松島トモ子さんの
自伝まんが

「それだけがお願いなのママ」

望月あきら

満州より引き揚げてから、芸能界で成功、18歳で母離れしてアメリカに留学するまで。留学先での母娘写真も掲載。

★動物物語　⑱ 1964年10月号

「あかね雲のうた」の続編
タケル日高物語2

「すみれ雲のうた」

つのだじろう

足が不自由な競走馬が、北海道の牧場で暮らす元気な少女マチの口笛の応援で、ダービーで優勝馬になる。

★哀愁物語　⑲ 1964年11月号

自分を犠牲にして娘の
幸せを願う老俳優

「ゴールデンリボン」

棚下てるお

亡き娘に似ているからと、演技がド下手な少女歌手を女優として育て、ゴールデンリボン賞をとらせた男優の愛情。

★父娘物語　⑳ 1964年12月号

約束を果たしてくれない父を
待ちつづける娘の愛

「クリスマスのゆびきり」

竹本みつる

会社が倒産してブラジルへ渡った父が亡くなったと報せがとどく。聖夜の波止場での親子再会が悲しい。

★歴史悲話 ㉑ 1965年1月号

隠れキリシタンの里で暮らす
少女たちの悲しい運命

「火の花の丘」

牧美也子

若い青年と隠れキリシタンの娘との愛の強さを描く。「このお話の時代は」として鎖国・禁教のくわしい解説がある。

★純愛物語 ㉒ 1965年2月号

ベストセラーの純愛小説
待望のまんが化

「愛と死をみつめて」

芳谷圭児

顔に軟骨肉腫ができる難病に苦しみ21歳で亡くなったみこと、心の支えとなった恋人まこの、涙の純愛物語。

★愛情悲話 ㉓ 1965年3月号

空にのぼる風船が悲しい
少女と孤児の物語

「少女と風船」

牧村和美

兄が家を出てひとり暮らしになった小学生リエ。孤児とのふれあいの末の悲しい結末。兄のダメ男ぶりがリアル。

★友情物語 ㉔ 1965年4月号

巴里夫先生の雑誌デビュー作
友情・愛情・パワー全開

「さよなら三角」

巴里夫

小5同士の大親友、ミーナとナーコ。ステレオが原因で絶交したふたりが仲直りしてよりつよい友情で結ばれる。

★スポ根物語 ㉕ 1965年5月号

東京オリンピックの
興奮をもう一度

「泣かないでもういちど」

川崎のぼる　原作 福井忠

副題はニチボー・バレー物語。けして天才ではないバレーボールの女子選手がオリンピックで金メダルに輝くまで。

★純愛物語 ㉖ 1965年6月号

深窓の令嬢とサッカー少年の
せつない恋のゆくえ

「おおひばりたからかに」

川崎のぼる　原作 広沢栄

自然豊かな信州を舞台に、サッカー少年が病弱な深窓の令嬢との身分違いの恋に果敢にチャレンジしてゆく。

★友情物語 ㉗ 1965年7月号

医師を目指す少女と
失明してゆく少女のきずな

「明日になれば」

竹本みつる

父の親友が亡くなり引き取られた和と、その家の娘雅子は中2同士の大親友。雅子は脳腫瘍になり失明の危機に直面。

★海外物語 ㉘ 1965年8月号

アメリカ、フランス、ポーランド
三つの国の物語

「ふたりだけの空」

樹村みのり

「ふたりだけの空」、「風船ガム」、「雨の中のさけび」の3作。遠い異国の戦争を少年の目を通して強烈に伝える。

★家族愛物語　㉙ 1965年9月号

母なきあとに家族を支えた
三姉妹の長女の力

「オー・マイ・パパ」

今村洋子

仕事ばかりのパパに反抗的だった娘が、父親の心の広さに気づくまで。お月見会で恥をかかされるシーンが印象的。

★友情物語　㉚ 1965年10月号

勉強しすぎて死んでしまった
かなしい少女

「野菊さく丘」

つのだじろう

大富豪の少女とパン屋の娘の友情と別れ。「このご本のせいにして、勉強をサボッテはいけませんよ」とつのだ先生。

★妖精物語　㉛ 1965年11月号

花の精パディと画家タローの
奇跡の純愛

「さよならパディ」

藤木輝美

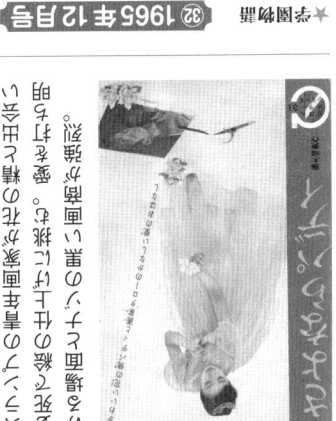

スランプの青年画家が花の精と出会い必死で絵の仕上げに挑む。愛を打ち明ける場面とナゾの黒い画商が強烈。

★学園物語　㉜ 1965年12月号

かわいい赤ちゃんをめぐる
涙と笑いの傑作

「赤ちゃん」

むれあきこ　原作 さわ・さかえ

捨て子の赤ちゃん連れで北海道のミッションスクールの先生になった藤田青年が、生徒に笑顔を取り戻す感動物語。

カラーシリーズ・インタビュー

水野英子《みずのひでこ》先生

はじめのころは、男性の先生が多かったまんが家の世界で大活躍された水野先生に、カラーシリーズを描いていたころの思い出をお聞きしました。

カラーシリーズ、なつかしいですね。わたしは、「ローマの休日」と「奇跡の人」の2作を描きました。両方とも映画を元にしたものです。ロマコメ路線の先駆けとなった「すてきなコーラ」の連載開始は、1963年10月20日号の「週刊マーガレット」。ですから、「ローマの休日」はその一か月前に世に出た作品になります。

当時はVHSもDVDも映画を観に行く時間もなかったですから、「すてきなコーラ」は担当編集者がどんなストーリーかを説明してくれた話をもとに、映画を観ずに〝自分のイメージ〟で描きました。

「ローマの休日」「奇跡の人」の2作は、ものすごい短時間で描きあげましたね。なに

「ローマの休日」

みずの・ひでこ　10月29日生まれ、さそり座、B型。山口県出身。日本の女性まんが家の草分け的存在。代表作に「白いトロイカ」「ハニーハニーの素敵な冒険」「ファイヤー!」等。近著に「トキワ荘パワー!」「トキワ荘日記」「U・マイアって誰?」。

しろ、わずか一週間で描いたんです。一週間で3時間寝てないんじゃないかしら。スクリーントーンはあったけど種類が少なかったし、まんが用ではなくデザイン用でしたから、背景はほぼ手描きです。苦労したのは心の内面をあらわすこと。映画的な手法をやりたくて切磋琢磨しましたね。

いそがされて描いたにしては、「懐かしい」と言ってもらえます。ある方に「『奇跡の人』はネーム構成のお手本みたいだ」とおっしゃっていただいたこともありました。

生まれた家の道路をへだてたところに貸本屋があって、物心がついたころから学校から帰るとお小遣いをにぎりしめて貸本屋へ駆け込んでいました。女のコだからこうしなさいと言われるのが嫌いな子でした。小学3年生のときに読んだ手塚治虫先生の「漫画大学」を見た瞬間わたしはまんがを描く、と決めました。それから迷いはありません。

デビューは15歳です。描きはじめた翌年、手塚先生にあいさつをしに上京しました。日比谷の喫茶店アマンドで待っていると、元気よく「やあやあ」と入ってきて、終始にこやかに優しく話してくださいました。その後まんが家アパートの「トキワ荘」に入居。女の子はわたしひとり。18歳のときでした。

ふろくんの@検索

トキワ荘

東京都豊島区にあったアパートの名前。手塚治虫、赤塚不二夫などまんが家が大勢住んでいました。

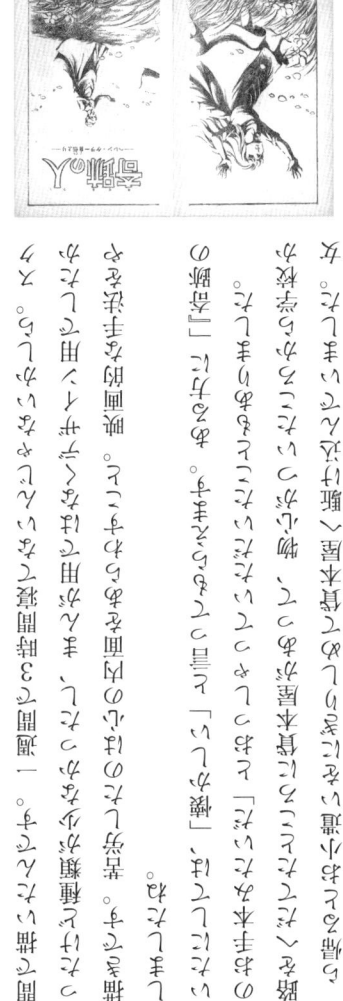

「奇跡の人」

★感動実話 ㉝ 1966年1月号

三重苦のヘレン・ケラーの
歴史的愛と奇跡

「奇跡の人」

水野英子　東和映画「奇跡の人」より

ヘレン・ケラーがサリバン先生によって障害を乗り越えてゆく感動作。ことばに目覚めるシーンは感動的。

★父娘物語 ㉞ 1966年2月号

1959年のテレビ写真小説を
ふたたびまんが化

「悦ちゃん」

つのだじろう　原作 獅子文六

おちゃめな娘が、のんきものの父の再婚のキューピッドになり、てんてこ舞い。まん丸顔の悦ちゃんがキュート。

★奇跡物語 ㉟ 1966年3月号

黒人少女の瞳にうつった
奇跡の天使の像

「黒い天使」

川崎のぼる

教会のある孤児院にきた小5の黒人少女マリが、寝たきりのケンジの死に向き合い、悩み、奇跡の天使像と出会う。

★努力物語 ㊱ 1966年4月号

東京の下町で生まれた
あたたかい人情

「九平とねえちゃん」

赤塚不二夫

弟思いの少女が母を支えつつ原爆症の青年と向き合う。病床で青年が20年前の原爆被害を少女に強く訴えかける。

★感動実話 ㊲ 1966年5月号

真のボランティア精神を描く
たいせつな物語

「星空のマリア」

芳谷圭児

何不自由ない大学教授の令嬢が、廃品回収業者の住む「星の街」に住み込む。実話をもとに構成された感動作。

★父娘物語 ㊳ 1966年6月号

嫁ぐ日に父に手渡した花は
ヒヤシンスでした

「ヒヤシンスの花嫁」

竹本みつる

施設育ちの恵子がパリ帰りの画家にひきとられ花嫁になるまで。失明した画家と嫁ぐ日に再会するラストは傑作。

★父娘物語 ㊴ 1966年7月号

デコボコ父娘コンビの
あったかい愛情

「チビとノッポの物語」

巴里夫

チビのおてんば娘がイカサないノッポの父に反抗しつつ成長してゆく。のんびりした父のダメお父さんぶりがステキ。

★兄妹物語 ㊵ 1966年8月号

心臓病の妹をかかえ
けなげに生きる兄妹の愛と涙

「おかあさん見ていて」

関谷ひさし

妹は心臓病、そのうえ母をひき逃げで亡くした野球少年の苦悩。妹の手術代をかせぐためアルバイトを始める。

★父娘物語　㊸ 1966年11月号

父をおもう美しい心が
世界的指揮者をもうごかす

「歌よつばさのように」

水沢まり子　原作 さわさかえ

楽団が破産して失業中の父と公団住宅に住む恵子が、世界的指揮者に直談判して楽団を再建する勇気と元気の物語。

★動物物語　㊶ 1966年9月号

つぶらな瞳がうったえる
子犬と少女の涙の愛

「まき毛のロン」

松本零士

処分される寸前に救われたかわいい子犬ロンとバイオリンの天才少女の物語。動物愛護週間にちなんだ作品。

★純愛物語　㊹ 1966年12月号

究極の愛に日本中が涙
小説の映画化第2弾にあわせて

「絶唱」

竹本みつる　原作 大江賢次

周囲の反対や戦争という運命など苦難の末に、強く結ばれた順吉と小雪。結婚式は花嫁の死後におこなわれる。

★感動実話　㊷ 1966年10月号

日本版ヘレン・ケラーの
感動の記録

「0学級の子どもたち」

みやはら啓一　原作 藤口透吾

山梨県立盲学校で障害とともに生きる山口茂子さんの物語。ヘレン・ケラーの来日歓迎会で茂子は花束を渡す。

★世界名作 ㊺ 1967年1月号

美しい四姉妹の
心あたたまる家族愛

「若草物語」

北島洋子　原作 オルコット

メグ、ジョー、エイミー、ベスの四姉妹一家が戦争にいった父の留守を守る。編集部にきた読者のリクエストが実現。

★バレエ物語 ㊻ 1967年2月号

美しく踊る舞台にかくされた
努力と影

「踊ろうユリ」

横山光輝

新星バレエ少女ユリが父の会社の倒産やケガを乗り越え、舞台を成功させる。不良の兄との兄妹愛も読ませどころ。

★日本名作 ㊼ 1967年3月号

文豪川端康成の代表作を
５度目の映画化にあわせて

「伊豆の踊り子」

竹本みつる　原作 川端康成

旅芸人一座の踊り子と悩める学生の純愛を描く。素朴で可憐な踊り子が露天風呂で学生に手を振るシーンが美しい。

★闘病物語 ㊽ 1967年4月号

失明の危機をのりこえた
美しい姉妹愛

「水色のりぼん」

鈴原研一郎

何度手術しても成功しない眼病の妹を抱えた一家と高校進学に悩む姉。父の死を乗り越えようやく手術は成功する。

巴《ともえ》里《さと》夫《お》先生

巴先生のカラーシリーズの作品は、最終巻の77巻目を含む7作あります。ほかにも「りぼん」にたくさんのまんがを描いてくださいました。

わたしのまんががはじめてりぼんにのったのは、ちょうど創刊10周年のときでした。カラーシリーズ第24巻「さよなら三角」で、わたしの雑誌デビューでもあります。生まれは大分県中津市でした。高校のときから新聞に投稿していて、関西大学時代に、カバヤのキャラメルのプレゼントカード用イラストを描くバイトをしたあとで、大阪の貸本屋へ売り込みに行き、「日の丸文庫」でデビューしました。のちに「劇画」ということばを提唱した辰巳ヨシヒロやさいとうたかをが同期です。大阪からまんが家をめざして上京して、若木書房を訪ねます。若木書房は少女まんがが専門でしたから「あなた優しそうだから、少女まんがを描いてくれないか

「チビとノッポの物語」

「ふたつ星の旅」

ともえ・さとお　1932年11月22日、大分県中津市生まれ。射手座、O型。代表作に「五年ひばり組」「陽気な転校生」。「ぶ〜けNEWまんがコース」の専任講師もつとめた。

な」と社長に提案されて、子どもの学校生活や日常を、深くユーモラスに掘ってみようと思ったのです。

若木書房で「ごきげんシリーズ」を25冊ほど描いたころに、りぼんの編集部の方から連絡があって、まだ木造だったりぼんの編集部をたずねて、すぐに専属になりました。わたしのファンの小学生から、わたしのまんがを「りぼんにのせてほしい」とリクエストが来たのだそうです

わたしのカラーシリーズは7冊ありますが、反響はすごくて、郵便受けにファンレターがはいりきらなくて配達員に怒られたこともありました。「どうしてわたしのことがわかるの？」という気持ちでつづったファンレターが多かったですね。

こんなこともありました。ある日、置時計を持った小学生の女の子がたずねてきたのです。まだ腕時計を持てないですからね。質問に答えたりサインをしたりしましたが、置時計で帰る時間をちらちらたしかめています。心配で帰りは駅まで送って行きました。お母さんにないしょで来たのかな——。

わたしが描いてきた小学生たちの悩みは、昔も今もずっと変わっていないのでしょうね。

「ヨーイドン！」

「さよなら三角」

★歴史悲話 ㊾ 1967年5月号

ユダヤ人迫害で14歳の短い
生涯を終えた少女の悲劇

「アンネの日記」

北島洋子　映画「アンネの日記」より

暗い時代をせいいっぱい生きたアンネ。はじめの4ページで歴史的背景が絵と文章でていねいに紹介されている。

★海外物語 ㊿ 1967年6月号

ウィーン少年合唱団来日記念
天使の心をもつ少年の物語

「野ばら」

新城さち子　東和映画「野ばら」より

戦争で両親を失ったトニーがあこがれのウィーン少年合唱団員として成長して、アメリカ公演に旅立つまでを描く。

★バレエ物語 51 1967年7月号

バレリーナの少女と
フラミンゴを育てる少年

「ふたりだけのワルツ」

鈴原研一郎

フラミンゴの飼育係の少年が、恋に破れ踊れなくなったバレリーナと出会い、ふたりで再起にむかって努力する。

★純愛物語 52 1967年8月号

密林に暮らす不思議な少女と
青年の清らかな愛

「みどりの館」

井出ちかえ　Green Mansions より

革命運動のために密林に追われた青年が、妖精のように美しい少女と出会い恋に落ちる。自然の神秘と悲劇の物語。

★姉妹物語　㊸ 1967年9月号

両親を亡くした姉妹が生きたはなればなれの運命

「ふたつ星の旅」

巴里夫

孤児院で育ち妹のみを愛してきた少女。妹ひとりだけが夫婦に引き取られ、はなれて暮らすことになる。

★SF純愛物語　㊹ 1967年10月号

宇宙からきた少女が知った人間のあたたかい愛

「星からきた少女」

西たけろう

宇宙からきて女優になり、殺人容疑がかかった少女。裁判シーンでは「うしろにも目がある」と驚愕の証言をする。

★姉弟物語　㊺ 1967年11月号

村人たちの迫害をうけながら耐えて生き抜く家族

「月見草とベコ」

吉森みきお

弟の作文がコンクールの金賞になった。だが、それによって村の秘密が知られ、一家は村から仲間はずれにされる。

★元気物語　㊻ 1967年12月号

5歳で学校へ行きたい少女が交通事故予防にとりくむ

「ルミちゃん教室」

つのだじろう

幼いルミちゃんが交通事故をなくすために大活躍。警視庁統計をもとに子どもの交通事故原因も紹介。

★友情物語 ㊼ 1968年1月号

小学5年のおてんば少女たちの
仲たがいと仲直り

「ゆうやけ広場」

巴里夫

飛騨に暮らす美鳥とはやみは大親友。秘密の場所で育てた友情にひびがはいるが仲直りのあとはより仲良しになる。

★実話バレエ物語 ㊽ 1968年2月号

「白鳥の湖」によせて描く
あるプリマバレリーナの半生

「白鳥」

松尾美保子　原作 広沢栄

牧バレエ団の大原永子さんをモデルに、白鳥と黒鳥の二役に挑戦し成功したプリマの19年の絶え間ない努力を描く。

★世界名作 ㊾ 1968年3月号

「シラノ・ド・ベルジュラック」を
日本の学園ものにした快作

「まごころ」

望月あきら　名作「シラノ・ド・ベルジュラック」より

大きな鼻に悩みながらもひとりの女性を思いつづけた白野祐治、17歳の生涯。ラストの雪山でのシーンが感動的。

★動物物語 ㊿ 1968年4月号

北海道を舞台に少女と熊の
心の交流を描く

「赤毛のひとつ」

松本零士

絵の得意な牧場娘とひとつと名づけられたやさしい熊の強い心のきずな。熊の絵本を出すことが少女の目標となる。

★純愛物語　61 1968年5月号

足の不自由な少女と
失明を克服した少年の愛

「君がいるかぎり」

武田京子

障害を持つ少女と青年が愛を育むが、青年の目が治ると、少女は自分の姿を見られるのがいやで、別れを告げる。

★世界名作　62 1968年6月号

帝国劇場「オリバー！」の
上演にあわせて

「オリバーツイスト」

芳谷圭児　チャールズ・ディケンズより

救貧院で生まれたオリバーは、窃盗団にまで身を落とすが、偶然実の祖父と巡り合い、ようやく幸運にたどりつく。

★感動物語　63 1968年7月号

ダメな少女とダメな犬が
まきおこす大騒動

「わたしのバロン」

藤木てるみ

ダメ少女がダメ犬に出会い、一流のピアニストをめざす。ダメ犬が木登りを練習するシーンがけなげ。

★感動実話　64 1968年8月号

上野動物園で戦時中に
おこった悲劇

「花子よ永遠に」

吉森みきお　原作　さわさかえ

爆撃でオリが壊れることを恐れて殺処分されることになった動物たち。飼育係の切ない心情と象との交流が悲しい。

「カラーシリーズ」の編集現場

りぼんが創刊して8年目に「カラーシリーズ」はスタートしました。当時、編集部で紅一点だった初代りぼん姉さんに、お話を聞いてきました。

――そのころ、りぼんの編集部は、木造の3階建てのとってもレトロな建物の2階にあって、編集部員は10人足らず。創刊のころの本誌は読み物がメインで、まんがが少なかったのです。そこで、「読みきりまんがの別冊ふろくをつけよう」と考えだした企画がカラーシリーズでした。なにしろ77か月、一度も休まず128ページのまんがをふろくにしたのですから、編集部も超人的な忙しさでした。

そのころふろくの内容は、編集会議を開いて、部員全員で決めていました。カラーシリーズは発売の半年ほど前に、どの先生にお願いするか、内容はどうするかを決めて、その先生と親しい編集部員が担当しました。映画の公開にあわせた企画では映画会社に交渉に行ったり、ネームの打合せから、レイアウト、セリフを原稿に切ってはりつける入稿原稿作りまで、全部ひとりでやって

69年10月号

68年1月号

66年12月号

いました。わたしは、「女性まんが家の走り」と言われる上田としこ先生の担当をしていて、カラーシリーズでは竹本みつる先生、巴里夫先生の巻を作りました。

最初のころの表紙モデルは、のちに大橋巨泉さんの奥さんになった浅野寿々子さん。しばらくして彼女がりぼんのモデルとしてはお姉さんになってしまったので、次の子を探そうと、編集スタッフが向かったのが鎌倉にある小学校です。学校の教室でオーディションをしていると、たくさんの子どもたちが、何をやっているんだろう、と外からのぞいていました。その中に、給食係の白いエプロンを着てマスクをした内藤洋子さんがいて、「かわいい！」とすぐに2代目に決まりました。だからカラーシリーズの表紙は、内藤さんがモデルになっているものがたくさんあります。――

58年9月号

64年6月号

65年8月号

あれから50年以上たつけど、今でもお正月には、初代りぼん姉さんにはまんが家の先生からイラスト入りの年賀状が届くんだって。うらやましいね。

ネーム

まんがを描くとき、いきなり絵を描くのではなく、まずあらすじやだいたいのコマ割りなどを作ります。それを「ネーム」と呼ぶんだって。

★人情物語 ⑥⑤ 1968年9月号

木下恵介監督を原作にむかえ
田舎出の浪人生を描く

「父子草」

貝塚ひろし　原作 木下恵介

東大に挑戦する極貧の浪人生を支える群像劇。上京して苦労している者同士がおでんの屋台に集まっては心を開く。

★友情物語 ⑥⑥ 1968年10月号

貧富の差を超えた
少年と少女のかたい友情

「太一とはるみ」

みやはらけいいち

正義感が強い太一がいじめっ子相手に闘う。「けんかなんかでやっつけてもしかたない」というセリフが光る。

★成長物語 ⑥⑦ 1968年11月号

家庭環境に不満をもつ少女が
仕事に誇りをもつまで

「涙くんさよなら」

水沢まり子

家業のあとつぎになりたくない少女が、友人の励ましを受けて自信をとりもどし、海外からの招待を受ける。

★学園物語 ⑥⑧ 1968年12月号

赤塚先生・芳谷先生・古谷先生
3先生が夢の共同作画

「聖ハレンチ女学院」

赤塚不二夫 芳谷圭児 古谷三敏

物語は赤塚ワールド炸裂。お上品な女学院に台風娘が転入してハチャメチャ騒動が巻き起こる、教育まんがざます。

★母娘物語　⑲ 1969年1月号

神さまのようにけがれない
少女の思い出話

「ヨーイドン！」

巴里夫

いじめを乗り越えた亡き娘の運動会の思い出を、母が妹に語る。妹は母から姉のおさがりのはちまきを受けとる。

★母娘物語　㉑ 1969年3月号

「埴生の宿」にのせておくる
親のない少女のかなしみ

「たのしいわが家」

安藤千恵子　原作 さわさかえ

イギリスの寄宿舎暮らしの娘が、人気歌手の母の愛を取り戻すまで。母子の愛が家庭というキーワードで復活する。

★父娘物語　⑳ 1969年2月号

シベリアに抑留された父の
帰りを待つ少女

「白鳥の湖」

牧美也子　原作 佐和野桂 さわさかえ

終戦から12年、ナホトカの収容所に連れて行かれた父はいまだ帰ってこない。娘は、白鳥に父への手紙を託す。

★姉弟物語　㉒ 1969年4月号

よわむしお姉ちゃんのサコと
小さな弟の物語

「ちびっこ先生」

巴里夫

気の弱い少女が小さな弟のはげましのおかげで、校内合唱コンクールで優勝し、クラスの人気者になる。

★純愛喜劇 ⑬ 1969年5月号

教会の孫娘が巻き起こす
ドタバタ・ロック喜劇

「悪魔のハープ」

もりたじゅん　原作 村上響子

悪魔にとりつかれたバンドマンが、教会の娘とともに夢の力で悪魔に勝つ。とびきり愉快でホロリとするコメディ。

★再生物語 ⑭ 1969年6月号

クラリネット奏者と少女の
あたたかい心の交流

「からすなぜ鳴く」

田中美智子　原作 乙武英樹

人気者の音楽家が居眠り運転で交通事故をおこす。少女に怪我を負わせて、すべてを失うが少女のために立ち直る。

★日本名作 ⑮ 1969年7月号

終戦後の混乱の中で
子どもたちが飢死してゆく

「ほたるの墓」

吉森みきお　野坂昭如作「火垂るの墓」より

終戦後、4歳の妹は飢えから泥のおはぎを口にして死んでしまう。戦争のやり場のない悲しみを伝える名作。

★スポ根物語 ⑯ 1969年8月号

弱小の中学サッカーチームの
女子マネージャー奮闘記

「亜紀と11人の仲間」

竹本みつる

母のいない亜紀はチームを勝利に導くが、妹の病気を機に引退。7年後、プロになったメンバーと涙の再会をする。

★学園物語 ⑰ 1969年9月号

つらくてもめげない
とびきり元気な小学生

「おてんば選手」

巴里夫

ウルトラおてんばの月子。なかなかわかってもらえないが学級委員選挙などをとおして、より人気者になってゆく。

★家族愛物語 増刊 1967年4月増刊号

生まれのちがう４人を
自分の子として育てた母

「四つ葉のクローバー」

むれあきこ

母子５人の平和な暮らしを、別れや、貧困、交通事故が襲う。無理がたたって母が亡くなり一家は危機に直面する。

60年の歴史

このカラーシリーズがふろくについていたころ、編集長の家にはまだ電話がなかったんだって。休みの日に連絡がとれなくて、大変だったそうだよ。コピーがなかった時代には、まんがのネームを担当者が必死で書き写したって話もあるし。編集部にＦＡＸが初めてついたときは、紙がちぎれて電線の中を通っていってると本気で信じていたスタッフがいたんだよ。編集部にパソコンが来たときなんて、使い方がわからないから、スイッチを切ったまま画面にメモ用紙をペタペタはって、伝言板として使われていたんだよね。60年の歴史を感じちゃうなー。

88年7月号

うとママのつぶやき

昔のふろく

創刊のころについた昔のグッズをまとめて紹介します。60年前のりぼんっ子たちが夢中になったふろくです。

62年5月号

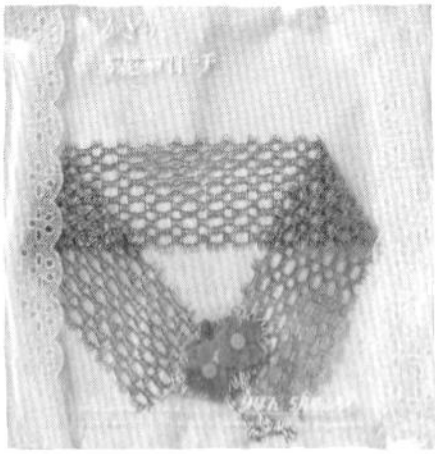
61年5月号

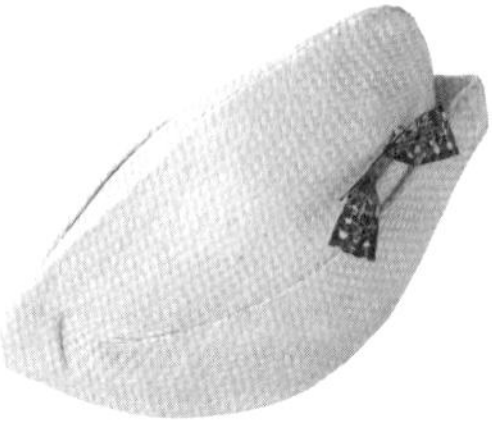
60年4月号

61年6月号

61年11月号

57年1月号

第4章

キラキラの全ふろくリスト2

1990年から2015年9月号までのふろくのリストです。
あなたの生まれた年のふろくは何かな？

1990(平成2)年

1月号

◆'90りぼんカレンダー◆吉住渉の'90りぼんダイアリー◆さくらももこのまるちゃん年賀スタンプ&バンザイ貯金箱♡お正月おめでたグッズ♡◆池野恋のお年玉おねだり袋◆水沢めぐみのお守りセット◆矢沢あいのやる気まんまんお札◆高田エミのがんばるダルマさん&ニコニコ熊手◆椎名あゆみの初夢おまじないお札

90年1月号

2月号

◆池野恋のなるみちゃんハンディクラフ

1990(平成2)年

トボックス◆吉住渉の未央ちゃんスイートドロップスレターセット◆まるちゃんエチケットカルタ◆水沢めぐみの朝ちゃんキラキラ・ハートお守り

90年2月号

90年3月号

3月号

◆未央ちゃんサイン帳セット◆なるみちゃん合格祈願ロールティッシュペンシル◆水沢めぐみの朝ちゃんおもいでバッグ◆まるちゃんおひなさま&スマイルシール◆高田エミのシロちゃんのさよな

1990(平成2)年

らシール

4月号

◆なるみちゃん春風バッグ◆未央ちゃんスクールデイズ・ノート◆まるちゃんハッピータイム・ノート◆柊あおいの琴子ちゃん新学期お楽しみセット◆朝ちゃんゆめポケット◆シロちゃん&チビのパンチクリップ◆椎名あゆみの美沙都ちゃん星占いスケール

5月号

◆未央ちゃんウキウキおせんたくレターセット◆なるみちゃんビスケットボックス&タグセット◆なるみ・まるちゃんのわくわくハートフルピンナップ◆柊あおいの琴子ちゃん夢色スケジュール◆シロちゃんワクワクスケール◆まるちゃん母の日セット（母の日ポップアップカード／お手伝いチケット）

6月号

◆未央ちゃんおしゃれケース◆まるちゃん父の日セット（ふしぎなからくりカード／元気がで

90年5月号

90年5月号

90年6月号

る定期券／お父さんとデート券）◆まるちゃん傘カバー◆なるみちゃんポケットティッシュ・ケース◆シロちゃんてるてるぼうずメモ◆りぼんお楽しみゲーム&シールワクワクセット◆ときめきアイドルシール&ステッカー◆なるみちゃんゆかいな6月すごろく◆まるちゃん福笑い

7月号

◆未央ちゃんビーチバッグ◆ちびまる子ちゃんほのぼのミニハウス&ぴょんきちうちわ◆池野恋のときめきトゥナイトシールブック◆柊あおいの琴子ちゃん夏のおしゃれ作戦ブック◆萩岩睦美のクリムちゃん救急ハウス◆シロちゃんネームアイロンプリント

1990(平成2)年

8月号

◆ちびまる子ちゃんアニメ・トランプ◆なるみちゃんサマーダイアリー◆ちびまる子ちゃんサマーポーチ◆吉住渉&萩岩睦美のわくわくゲームランド◆吉住渉&矢沢あいのきらめきビッグサマーピンナップ

90年8月号

90年8月号

1990(平成2)年

9月号

◆ちびまる子ちゃんトラベルレターセット◆未央ちゃんピンナップボード&ピンナップメモ◆なるみちゃんポケッタブルバッグ◆シロちゃんハートフルボックス◆別冊まんが「夏の悲鳴」（楠桂）

90年9月号

90年8月号

55~59年
60~69年
70~79年
80~89年
90~99年
00~09年
10~15年

1990(平成2)年

10月号

◆未央ちゃんGO！GO！トランク◆ちびまる子ちゃんニコニコスマイルしたじき◆ちびまる子ちゃんペンシルキャップ◆水沢めぐみの姫ちゃんポップアップペンケース◆シロちゃんペーパーホルダー・メモパッド◆なるみちゃんブックマーク◆琴子ちゃんお勉強チェックシール◆岡田あ～みんの100%ギャハハ恋うらない

90年11月号

90年11月号

1990(平成2)年

11月号

◆水沢めぐみの姫ちゃんランチバッグ&ランチボックスセット◆ちびまる子ちゃんポストカードセット&ホイホイブラシ◆未央ちゃんハンカチストッカー◆琴子ちゃんくるくる星占い盤◆シロちゃんCHA　CHA　CHAメガホン◆りぼんオールまんが家デラックスハンドブック

90年11月号

1990(平成2)年

12月号

◆姫ちゃんレッドノート◆未央ちゃんピンクノート◆琴子ちゃんハニー バッグ◆ちびまる子ちゃんカード・パズル◆姫ちゃんクリスマスパーティゲーム&サンタカードとサンタ袋&プレゼントハウス◆シロちゃんクリスマスゲームブック◆萩岩睦美のクリムちゃんめざせクリスマス占い

90年12月号

1990年代

90年になるとふろくの「キラキラ」度はさらにパワーアップ。はじめはシールから光りはじめたふろくは、やがてスケールなどの文房具、お守りまでキラキラ・ピカピカしはじめます。

元気いっぱい、夢いっぱい、GO! GO! GO!などのパワフルなことばが次々にふろくを飾り、90年代半ばには、94年12月号で「むねがキュンとときめく8大ふろく」とうたったとおり、「250万乙女」の胸をふろくたちがキュンとさせました。

「池野恋のなるみちゃん」などと、「先生の名前+キャラクター名」がふろくの名前の主役になってゆくのも、90年代から。レターセット、カレンダー、ノート、シール、ポスター、アルバム、手帳などを、90年代キャラクターたちはとびきり元気にかわいらしく飾っています。

94年5月号

そしてなにより、90年代のりぼんのふろくは、まるで紙へ挑戦しているようでした。一枚の白い紙が、どこまで立体的に自在に変化するか、どうしたらひとつでも多くつけられるか――。いま見てもそんな思いが伝わってくるふろくたちです。

1枚の紙を3段に切りはなして折るとケース入りのミニブックになる「クリスマスミニブックセット」(92年12月号)なんて、まるで魔法のよう。ミシン目で紙を切りはなして、組み立てて……。ふろくファンルームを見ながら、上手にできたときは、うれしかったですね。

1991(平成3)年

1月号
◆'91りぼんカレンダー◆吉住渉の'91年1月～3月りぼんダイアリー◆水沢めぐみの姫ちゃんプリティバッグ◆姫ちゃん着せかえお守り&シール◆さくらももこのちびまる子ちゃんしめかざり◆池野恋の緑ちゃんお年玉おねだり袋◆柊あおいの琴子ちゃんはご板おみくじ◆高田エミのシロちゃんお年賀状スタンプ

2月号
◆姫ちゃんエンゼルレターセット◆未央ちゃんミルク缶ボックス◆柊あおいの琴子ちゃんプレゼント◆ちびまる子ちゃん豆まき福笑い◆シロちゃんおもしろデパートすごろく

3月号
◆姫ちゃん思い出ハーモニーセット／ポケットシール&カード◆未央ちゃんカントリーハウスバッグ◆ちびまる子ちゃんおもいでバッグ◆池野恋のヒロインになりたいスケジュールボード&シール◆琴子ちゃんありがとう賞状カード◆シロちゃん指人形おひなさま

4月号
◆水沢めぐみのりぼん新学期ダイアリー◆未央ちゃんりぼんケース◆ちびまる子ちゃんマスコット・メモ◆シロちゃんマジックペンケース&マジックスケール◆琴子ちゃん新学期すぐれものセット

1991(平成3)年

MAZUWA
APRON
SHIMEMA SHO
TSUGI NI
OSOROI NO
RIBBON O
TSUKETE
SAIGO NI
POKOTA O
DAKKO SHITE
APRON
RIBBON
POKOTA
HORANE
HIMECHAN
DEKIAGA
RI♥
RIBON
DIARY
'91-'92

91年1月号

5月号
◆未央ちゃんオールカラーカントリーライフノート&シール◆姫ちゃんグッドモーニング・ポーチ&おりがみメモ◆シロちゃんケーキ屋さんBOX◆琴子ちゃん母の日セット◆岡田あ～みんのこいつら100%コーナーしおり

6月号
◆姫ちゃんおにぎりレターセット◆未央ちゃんラブリーバッグ◆ちびまる子ちゃん父の日カード◆琴子ちゃんお友だちカードスタンド◆高田エミのねこ・ねこ・ドッキリおまじない

7月号
◆姫ちゃんスイムバッグ／サマー・リボン◆わくわくアイドル4人のりぼんちゃんシールブック（未央ちゃん・ちびまる子ちゃん・姫ちゃん・愛良ちゃん）◆未央ちゃんスイカ貯金箱&ぐるぐる相性占い◆琴子ちゃん救急バッグ◆シロちゃんのみごろシール

8月号
◆元気アイドル4人（愛良・姫子・未央・シロ）＋こいつら3人（極丸・満丸・危脳丸）カロリー早わかりトランプ◆未央ちゃん夏休み日めくりカレンダー◆池野恋の愛良ちゃんトラベルパスポート◆ちびまる子ちゃんドッキリすごろく&島わたりゲーム◆姫ちゃんサンダルバッグ◆柊あおい&あいざわ遥の折りたたみレター

1991(平成3)年

AIRA'S
TRAVEL
PASSPORT
愛良ちゃん
トラベルパスポート
♥りぼん平成3年8月号ふろく

91年8月号

91年8月号

91年8月号

1991(平成3)年

9月号

◆りぼんまんが家豪華17人登場　3D（立体印刷）別冊まんが◆岡田あ～みんの3Dめがね◆愛良ちゃんホームラン・バッグ◆姫ちゃんスイングメモ◆未央ちゃんおでかけスタンプ&BOX◆ちびまる子ちゃんしおりシール

10月号

◆姫ちゃんおでかけバッグノート&タグシール◆未央ちゃんおしゃれBOX◆池野恋のときめきアイランドしたじき◆琴子ハウスシール◆田辺真由美のまゆみラブテスター◆シロちゃんはちまきサンバイザー◆矢沢あいの翠ちゃんおうえんメガホン

91年10月号

1991(平成3)年

11月号

◆未央ちゃんクッキングレターセット◆姫ちゃんポケットティッシュ・ハウス◆愛良ちゃんひみつの通信カード◆岡田あ～みんのこいつら100%伝説モンタージュ顔占いセット

12月号

◆愛良ちゃんときめきBOX◆りぼんアイドル6人（愛良・未央・姫子・翠・琴子・シロ）のクリスマスシール◆未央ちゃんクリスマスペーパーとメリークリスマスパーティクッキングブック◆姫ちゃんクリスマスツリーすごろく◆琴子ちゃんキラキラクリスマスバッグ

91年12月号

1992(平成4)年

1月号
◆'92りぼんカレンダー◆池野恋の'92りぼん日記セット◆ちびまる子ちゃんめざせ百万円！貯金箱◆吉住渉・岡田あ～みんの新春お楽しみすごろく◆矢沢あいの翠ちゃん開運シール◆水沢めぐみの姫ちゃん年賀スタンプ◆田辺真由美のまゆみ☆ダブルおみくじ◆吉住渉・矢沢あい・水沢めぐみ・柊あおい・北條知佳の新年おめでたにぎやかセット

2月号
◆別冊新春スペシャル（谷川史子・小花美穂・佐伯茜）◆池野恋の愛良ちゃんおえかきレターセット◆姫ちゃんバレンタイン作戦セット◆翠ちゃんラブ占いハウス

3月号
◆愛良ちゃん思い出セット◆翠ちゃん花たばカード◆ちびまる子ちゃんちびまるレターメモ・ちびまるシール◆椎名あゆみの楓ちゃんさよならメッセージシール◆姫ちゃんおひなさまBOX◆姫ちゃん必勝合格絵馬&お守り3点セット

4月号
◆池野恋のりぼん手帳◆翠ちゃんバーガーショップバッグ◆姫ちゃんスクールライフしたじき◆高田エミのシロちゃんピカピカスケール◆楓ちゃん星占いペンケース

1992(平成4)年

5月号
◆池野恋の愛良ちゃん&ポテトスターノート◆翠ちゃんエンゼルきんちゃく◆姫ちゃんトイショップBOX◆吉住渉の光希ちゃんピッタリマグネット&母の日セット◆楓ちゃんこいのぼり占い◆シロちゃんペッタンコメモ◆大塚由美の奈生ちゃんクリップベッド

愛良ちゃん スターノート
92年5月号

6月号
◆翠ちゃんゆうびんやさんレターセット◆池野恋・水沢めぐみ・吉住渉・矢沢あいのりぼんシールブック◆ちびまる子ちゃんお父さんありがとうセット◆楓ちゃん雨の日シール

1992(平成4)年

92年6月号

7月号
◆愛良ちゃんサマーバッグ◆光希ちゃんハンドメイドノート◆翠ちゃんグラスシール◆楓ちゃん織姫彦星水出し相性占い◆池野恋のときめきトゥナイトファンタスティックポスター◆姫ちゃんストーリー探検すごろく◆柊あおいの琴子ちゃんラブリー・ミニケース

8月号
◆愛良・光希・姫子・翠おしゃれアイド

1992(平成4)年

92年7月号

92年8月号

1992(平成4)年

ル４人＋こいつら３人（危脳丸・極丸・満丸）のカラーファッショントランプ◆愛良ちゃん夏休み日めくりカレンダー◆翠ちゃんトラベルパスポート◆姫ちゃんトランプブック◆楓ちゃんおやつクッキングブック◆光希ちゃんコインケース

9月号

◆愛良ちゃんグレープバ

92年8月号

1992(平成4)年

ッグ◆別冊まんがスペシャル3人集（浦川まさる・森本里菜・葉月みどり）◆光希ちゃんシールつきおたのしみメッセージメモ◆翠ちゃんブックカバー◆姫ちゃんノートシール◆楓ちゃんミニおさいほう箱◆彩花みん・田辺真由美のチャチャとまゆみのスタンプセット

楓ちゃん
夏休《なつやす》みおやつ
クッキングブックの作《つく》り方《かた》
① 4つ折りになったこのブックを　線にあわせて2つ折りにして、折り目をつける。
② ①を1枚に広げて――部分にカッターナイフで切れ目を入れる。(小さい子は、大人の人にやってもらってね。)
③ ②を切れ目にあわせて横長の2つ折りにし、
★ぜんぶ広げて裏返し、同じように折ると、トランプブックになるよ！
④ まん中の切れ目をふくらませてⒶ、Ⓑをあわせる。
⑤ ページの順番が、1～8になるように整えて、できあがり。
楓ちゃん
夏休《なつやす》みおやつ
クッキングブック
もくじ
メロン・プリン……(2)
チョコレート・サンデー……(4)
アイス・ケーキ……(6)
カット／椎名あゆみ　カメラ／末永和也　指導／小宮あやこ

92年8月号

1992(平成4)年

10月号

◆光希ちゃんママレードファイル◆翠ちゃんカギつきないしょボックス◆愛良ちゃんときめきタロット・カード◆姫ちゃんガンバレメガホン◆楓ちゃんアーチストスケール◆チャチャのえんぴつシール

MARMALADE

92年10月号

Himeko's Story

92年11月号

11月号

◆姫ちゃんブック型レターセット◆吉住渉の光希ちゃんバンドブックエンド◆翠ちゃんランチバッグ&翠と晃の変身ランチボックス◆愛良ちゃんパズルゲーム◆チャチャのりんごの香りしおり

12月号

◆光希ちゃんパジャマタイムボックス◆翠ちゃんスクールノート◆りぼんアイドルのクリスマス・ミニブックセット（りぼんアイドルのクリスマスカードブック／楓ちゃんクリスマスラッピングブック／チャチャのクリスマスクッキングブック）◆姫ちゃん・ポコ太のクリスマスペアバッグ◆椎名あゆみのクリスマスピカピカシール◆チャチャのドキドキ銀はがしゲーム

楓ちゃん
クリスマス ピカピカシール
絵／椎名あゆみ
♥まっくらな場所で見ると、シールの白い部分が光るよ！

92年12月号

まんが家になりたい

まんがが好きな人なら、一度はまんが家になりたいって思うでしょう。いつの時代も、まんが家は、みんなのあこがれの職業です。

そんな夢をかなえた先生方にお話を聞くと、「ふろくを描きたいから、りぼんに投稿しました」という人のなんと多いこと！　自分の絵のついたグッズをたくさんのりぼんっ子に使ってもらえたらうれしいよね。

ふろくは、まんが家をめざす人にたくさんの情報を提供してきました。まんが家新聞、まんが家名鑑などの名前で、まんが家の先生のプロフィールやプライベートを明かしたり。先生の秘密を自分だけ知った気分で、ドキドキしましたね。もっとマジメにまんが家をめざす人のために、まんがの描き方を教えるページもたくさんありました。

00年6月号

プロ級のイラストが描ける、とりぼんっ子を夢中にしたのが「超カンタン☆イラストステップアップセット」（14年1月号）。367種類のイラストとうつせるお手本シート、プロが使っているあこがれのアイテムとして、トレーシングペーパーと酒井まゆ先生プロデュースのスクリーントーン、きれいな線が描けるイラスト専用のペン、それに107種類のイラストが練習できるりぼん特製イラスト練習ドリルまでついていました。

まんが家志望のみんな、がんばって！

1993(平成5)年

1993(平成5)年
1993(平成5)年

1月号
◆'93りぼんイラストブックカレンダー◆池野恋の愛良ちゃん'93りぼんダイアリーセット◆水沢めぐみのポコ太スケジュールボード&シール◆矢沢あい・椎名あゆみの翠ちゃん・楓ちゃんジャンボお年玉袋セット◆彩花みんの赤ずきんチャチャ書き初め占い◆吉住渉の光希ちゃんサイコロ貯金箱◆翠ちゃんお正月スタンプ

2月号
◆光希ちゃんママレード・レターセット(ファイル/びんせん/シール/ふうとう/PSカード)◆愛良ちゃんりぼんカード◆翠ちゃんプレゼントバッグ◆高田エミのジェニファードキドキカード◆姫ちゃんメリーゴーラウンド占い◆別冊まんが(あいざわ遥/石本美穂)◆チャチャのバレンタインチョコパック

93年2月号

3月号
◆翠ちゃん思い出セット(バインダー/サインノート/写真入れ)◆愛良ちゃんミニティッシュボックス◆ジェニファーホロスコープダイアル◆光希ちゃんポケットシール&ハンカチメモ◆姫ちゃんおひめさますごろく

4月号
◆光希ちゃんりぼん手帳 りぼん手帳シール/アドレス帳◆愛良ちゃんスプリングバッグ◆りぼんオールスター大集合100シール◆翠ちゃんひみつフォトスタンド◆ジェニファー色鉛筆恋占い◆姫ちゃんスケールしおり

5月号
◆光希ちゃんお花屋さんノート◆姫ちゃんメルヘンノート◆クイズ&お笑いおもしろ別冊◆翠ちゃんパーティボックス◆池野恋のポテトの郵便ポケット◆愛良ちゃんの母の日ありがとうセット◆椎名あゆみの友香ちゃんお月さまゴールドシール◆チャチャのお星さまシルバーシール

6月号
◆光希ちゃんファイルボックス◆翠ちゃんおやさいレターセット◆友香ちゃんないしょカード◆大塚由美の吹雪ちゃん父の日ちゃっかり貯金箱◆チャチャラブリースタンプセット

93年6月号

93年8月号

1993(平成5)年

7月号
◆翠ちゃんスイム・バッグ◆吹雪ちゃんデリシャス・ファイル◆吉住渉のママレード・ボーイスペシャルポスター◆チャチャのジャングルすごろく◆姫ちゃんシーサイドせんす◆椎名あゆみの友香&新サマータイムコースターセット◆愛良ちゃんお星様ピカピカ占い

8月号
◆元気アイドル4人（光希・愛良・翠・姫子）＋岡田あ～みんの夢実ちゃんの花ことばトランプ◆友香ちゃん'93夏休み日めくりカレンダー◆光希ちゃんサマー・メール◆吹雪ちゃんトラベルパスポート◆田辺真由美のまゆみ！デートすごろく&ドキドキ相性占い◆小花美穂の由香子ちゃんプリティー・きんちゃく

9月号
◆光希ちゃんホップ・スキップ・バッグ◆元気アイドル4人のりぼんシールブック（友香ちゃん・姫ちゃん・光希ちゃん・翠ちゃん）◆別冊まんが「有閑倶楽部（一条ゆかり）」◆矢沢あいのスドーザウルスペンシルマスコット◆吹雪ちゃんピース・ペンスタンド◆愛良ちゃん秋のお楽しみセット（芸術の秋セット・ダイヤル星占い）

10月号
◆友香ちゃんゴー！ゴー！バインダー&ルーズリーフ◆光希ちゃんミニレターセット◆翠ちゃん&吹雪ちゃんしたじき◆愛良ちゃんジュエリーボックス◆チャチャのチャッ！チャッ！チャッ！メガホン

11月号
◆光希ちゃんラブリー・レターセット◆友香ちゃんハッピー ランチセット（ランチボックス／ランチバッグ／ハッピーランチマット）◆吹雪ちゃんばんそうこうケース◆チャチャのぬりえ占い◆りぼん人気アイドル（ポコ太・ポテト・スピードザウルス）忍者クリップ

12月号
◆翠ちゃんファンシー ボックス◆光希ちゃんマウス・メモパッド◆愛良ちゃんキラキラ ブーツ◆チャチャ年末年始きりとりカレンダー◆友香ちゃんメリークリスマスペーパー◆わくわくクリスマスカード・セット（吹雪ちゃんリースカード／姫ちゃんサンタ変身カード／まゆみとび出すツリーカード）＋シール

1993(平成5)年

1993(平成5)年

93年10月号

94年1月号

1994(平成6)年

1月号

◆'94りぼんカレンダー◆彩花みんのワンワンかるた◆矢沢あいの翠ちゃん'94りぼん日記◆吉住渉の光希ちゃん新年ドキドキ占いシール◆池野恋の愛良ちゃん・ポテトのわんダフルお年玉おねだり袋◆小花美穂の由佳子ちゃん開運お守り

1994(平成6)年

2月号

◆翠ちゃんサーカス・レターセット◆光希ちゃんスイート・ボックス◆椎名あゆみの友香ちゃんチョコレートバッグ◆別冊まんが（浦川まさる／倉橋えりか）◆バレンタイン大作戦セット（愛良ちゃんフォトスタンド・チャチャチョコカード・藤井みほなのエリカちゃん変身カード）

3月号

◆翠ちゃん思い出セット◆光希ちゃんこうかん日記◆友香ちゃんおはよう！ティッシュ◆チャチャおひなさま占い◆愛良ちゃん・エリカちゃん・高須賀由枝の茗ちゃんメッセージシール

4月号

◆光希ちゃんりぼん手帳◆チャチャおしゃれバッグ◆エリカちゃんくるくるペンスタンド◆翠ちゃん・愛良ちゃん・高田エミのルルちゃんりぼんシール百科◆友香ちゃんお星さまスケール

5月号

◆光希ちゃんおでかけノート◆友香ちゃんミュージックノート◆チャチャとお笑いまんが家7人の'94年ギャグリーグおもしろ別冊◆翠ちゃん&エリカちゃんゆらゆらメモ◆ルルちゃんケーキ・ボックス◆チャチャキラキラシール◆池野恋の母の日女王さまセット

94年5月号

1994(平成6)年

6月号

◆光希ちゃんパタパタハウス◆チャチャTシャツ・レターセット◆翠ちゃんあい♡あい♡がさ占い◆エリカちゃん&ルルちゃんのんじゃダメ！カード◆友香ちゃん雨の日マスコット◆愛良ちゃん父の日ゆうえんちカード

7月号

◆チャチャわくわくビーチバッグ◆りぼんオールまんが家なんでも大百科◆エリカちゃんおしゃれボックス◆吉住渉・矢

1994(平成6)年

沢あいのスペシャルジャンボ・ポスター◆元気アイドル5人のカラフル絵はがきセット◆大塚由美の弥也ちゃんプラネタリウム占い◆翠ちゃんひみつのおねがいたんざく&キラキラシール◆片桐澪のくまちゃんサマースタンプ

8月号

◆ママレード・ボーイ　アニメ・トランプ◆エリカちゃん'94夏休み日めくりカレンダー◆水沢めぐみの千花ちゃんサマー・クッキングブック◆友香ちゃんトランプブック◆翠ちゃん夏やすみ往復レター◆チャチャはさみうちゲーム◆くまちゃんコインパース◆愛良ちゃんサマーファッションシール

9月号

◆エリカちゃんバーガーファイル◆光希ちゃんスクールバッグ◆別冊ふろく「どっかんLOVE（楠桂）」◆友香ちゃんバンドメモ◆翠ちゃんスライド時間わり◆水沢めぐみ・小花美穂の千花ちゃんと紗南ちゃんのおしゃれしおり◆チャチャプチスケール◆倉橋えりかの千夏ちゃん・くまちゃんピカピカお願いシールセット

10月号

◆光希ちゃんレポートパッド◆りぼんスーパーシールブック◆エリカちゃんランチボックス◆友香ちゃんファイトメガ

1994(平成6)年

94年10月号

ホン◆チャチャチャート式ハイキング占い◆高須賀由枝のりえちゃんフルーツティッシュ◆小花美穂の紗南ちゃんスニーカーマスコット

11月号

◆光希ちゃんカラフルレターセット◆チャチャラブリーペンケース◆別冊ふろく「ぼくらの気持ち（谷川史子）」◆りえちゃん秋色♥パズル貯金箱◆友香ちゃんくるくるあみだ占い◆エリカちゃんプリティマグネット

1994(平成6)年

94年11月号

12月号

◆エリカちゃんカントリー・ブックスタンド◆矢沢あいの天使なんかじゃないメモリアル・コレクション◆アニメ版　赤ずきんチャチャ大図鑑◆りえちゃんのびのびサンタカード◆光希ちゃんクリスマス・ツリーゲーム◆紗南ちゃんラッピングペーパー◆友香ちゃんキラキラシール◆くまちゃんぴかぴかリースバッグ

94年12月号

みーんなりぼんっ子

りぼん創刊60周年を記念して開設されたインターネットのサイトがあります。名前は「250万乙女のバイブル　思い出の扉」。この「250万乙女」ということば、聞いたことあるかな？　りぼんファンのことで、数字は人数です。これ、「150万乙女」あたりから始まって少しずつ増えていき、250万を超えて多いときには「255万乙女」となりました。そのときのふろくファンルームでも、「ふろくが255万コあるの！」とみんなでびっくりした記憶が…。

りぼんファンにはほかにも呼び名があって、有名なのは「りぼんっ子」だよね。この本でも、ふつうに使っちゃってます。70年代には、「りぼにすと」なんてことばもありました。

97年11月号

りぼんっ子の証としてついたふろくが「小田空のパスポート手帳」（82年7月号）。「漫画大好き少女である本旅券所持人にすすんで『りぼん』を愛読させる」よう漫画国りぼん大臣が要請しています。もちろん、毎年つく「りぼんの手帳」を一年中使っていれば、りぼんっ子だということがすぐにわかります。

時代は進み、今ではインターネットのりぼんのHPで、いつでも最新情報がゲットできるようになりました。

60年の歴史があるりぼんっ子。お母さんもおばあちゃんも、「学校にまんがを持ってきてはいけません」なーんて言ってる先生だって、実はちゃーんとりぼんっ子かもしれないよ。

見出しのことば

60年間に出たりぼんの冊数は720冊。ふろくがつかなかった月はもちろん一度もありません。

毎月のふろくがどんなものか、どんなにステキかをアピールするために、予告や表紙の見出しには、「キラキラときめき10大ふろく」「デラックスふろく」などというフレーズがほとんど毎号についていました。例えばこんな感じです。

「すてきな日本一のりぼん3大ふろく」（56年3月号）

「ごうかルンルン!!　4大ふろく」（77年5月号）

10年9月号

「スーパー絶好調9大ふろく」（94年9月号）

「超ゴージャスふろく」（04年11月号）

見出しとそのことばをたどると、あたかもそれぞれの時代を映す鏡のようで、女の子のあこがれが全部見渡せます。

使われた回数順にことばを並べると、いちばん多くふろくの見出しを飾ったのが「デラックス」、次に「ごうか（豪華、ゴーカ）」、「すてきな（ステキ）」、「超」、「特別」、「元気いっぱい（パワー、もりもり）」、「わくわく」、「ときめき」、「キラキラ（きらきら）」、「おしゃれ」、「うきうき」、「どきどき」、「夢の」とつづきます。

ちなみに「春の～」「夏の～」「秋の～」はあっても「冬の～」はありませんでした。

1995(平成7)年

1月号

◆'95りぼんカレンダー◆彩花みんのチャチャ'95りぼん日記◆吉住渉の光希ちゃんきんちゃくBOX◆藤井みほなのエリカちゃんパッションすごろく◆小花美穂の紗南ちゃん福笑い◆高須賀由枝のりえちゃんお正月スタンプ◆倉橋えりか・椎名あゆみの桜ちゃん・友香ちゃん新年わっくわく占いシール◆池野恋のりりかちゃんお年玉おねだり袋◆片桐澪のくまちゃんはしおき

2月号

◆藤井みほなのパッション♥ガールズスイート・レターセット◆りりかちゃんファンシー・バッグ◆紗南ちゃんチェックレターラック◆光希ちゃんラブリー

95年2月号

1995(平成7)年

ティッシュケース◆ママレード・ボーイアニメブック◆彩花みんのチャチャティーカップ相性占い◆矢沢あいの実果子ちゃんジグソーラブレター◆りえちゃ

95年2月号

95年2月号

1995(平成7)年

ん バレンタイン・シール

3月号

◆光希ちゃん思い出セット◆紗南ちゃんわくわくこうかん日記◆くまちゃんおもいでペーパーバッグ◆チャチャおひなさまグラグラゲーム◆実果子ちゃんポケットティッシュ・カバー◆りりか・エリカの思い出フォトシール

4月号

◆実果子ちゃんりぼん手帳・アドレス帳・りぼん手帳シール◆光希ちゃんスポーティーバッグ◆りりかちゃんフラワー・トレー◆藤井みほな・倉橋えりかのエリカちゃん・桜ちゃんはじめましてカード◆紗南ちゃんびっくり！スケール◆彩花みんのお鈴ちゃんにおいつきしおり

5月号

◆紗南ちゃんワールドノート◆りりかちゃんモーニングノート◆水沢めぐみの奏ちゃんクッキー・バスケット◆別冊まんが　ギャグりぼん◆実果子ちゃん・エリカちゃんノートポケット・シール◆チャチャ母の日ありがとうカード◆光希ちゃんミニレター・メモ

6月号

◆実果子ちゃんチビデカレターセット◆りぼんアイドルシールブック◆光希ちゃ

95年9月号

1995(平成7)年

んパステル・ラッピングペーパー◆りりかちゃんRIBON父の日スペシャル◆くまちゃんネームタグ◆大塚由美の青子ちゃん恋のラッキーあじさい占い

7月号

◆紗南ちゃんサマー・バッグ◆奏ちゃんサマー・メモパッド◆りりかちゃんばんそうこう&ケース◆光希ちゃんサマー・コースター◆チャチャ　ファンシーストロー◆実果子ちゃんジュースキープ・マスコット◆片桐澪のごきげんパタパタくまちゃん◆藤井みほなのエリカちゃんきらきらスターシール◆大塚由美の青子ちゃん　お願いたんざく

8月号

◆おしごとトランプ（元気アイドル＋くまちゃん）◆奏ちゃんポケットアルバム◆エリカちゃんフルーツポーチ◆実果子ちゃん・紗南ちゃんサマー・ポストカード◆チャチャ六面相パズル◆ドキドキぬりえ占い◆青子ちゃん夏休みもこもこシール

9月号

◆実果子ちゃんスタイリッシュ・ファイル◆わくわく別冊（桜井ゆう／藤田まぐろ）◆ザ★りぼんタイムズ◆紗南ちゃんフラワーしたじき◆奏ちゃんラブリー・ブックカバー◆りぼんアイドルパステルおりがみ◆りりかちゃんピカピカスケール

1995(平成7)年

95年9月号

1995(平成7)年

10月号

◆奏ちゃんキッズノート◆紗南ちゃんランチボックス◆高須賀由枝の由紀緒ちゃんペーパーナプキン◆チャチャごきげんおてふき◆実果子ちゃんハロウィーン・バッグ◆青子ちゃんテレホンリスト◆エリカちゃん占いミニブック◆りりかちゃんプクプクネームシール

11月号

◆紗南ちゃんローズ・レターセット◆吉住渉のママレード・ボーイ　メモリアル100シール&ポスター◆水沢めぐみのないしょのプリンセススタンプセット◆実果子ちゃんミニミニお針箱◆りりかちゃんブランコしおり◆椎名あゆみのせあらちゃん恋のカゲキ度チャート

12月号

◆実果子ちゃんひきだしボックス◆りぼんアイドル6人+くまちゃんクリスマス・ラッピングペーパー◆青子ちゃんごきげん銀はがしカレンダーツリー◆せあらちゃんスポーツ・ティッシュ◆紗南ちゃん・池野恋のりりかちゃんクリスマス・プチプレート◆チャチャきらきらメッセージシール◆奏ちゃんうきうきクリスマスカード

1996(平成8)年

1月号
◆1996りぼんカレンダー◆小花美穂の紗南ちゃん1996りぼん日記セット◆お正月おめでたセット（クロちゃんラブラブ招きねこ／せあらちゃんお年玉よろしく袋／チャチャ新春はしおきセット／くまちゃん初夢おねがい門松／ミモリちゃん一年の計おふだ）◆水沢めぐみの奏ちゃんのびのび貯金箱◆矢沢あいの実果子ちゃんスタンプ・マウス◆池野恋のりりかちゃんおみくじコマ◆オールスターシール100

2月号
◆実果子ちゃんハッピーベリー・バッグ◆奏ちゃんプチ・レターセット◆新春お年玉別冊（石本美穂／清水ゆーり）◆紗南ちゃんプレゼントバッグ&シール◆椎名あゆみのせあらちゃんバレンタインボックス◆池野恋のりりかちゃんおうちにいらっしゃ〜いゲーム

3月号
◆奏ちゃん思い出セット◆せあらちゃんポケットアルバム

96年3月号

1996(平成8)年

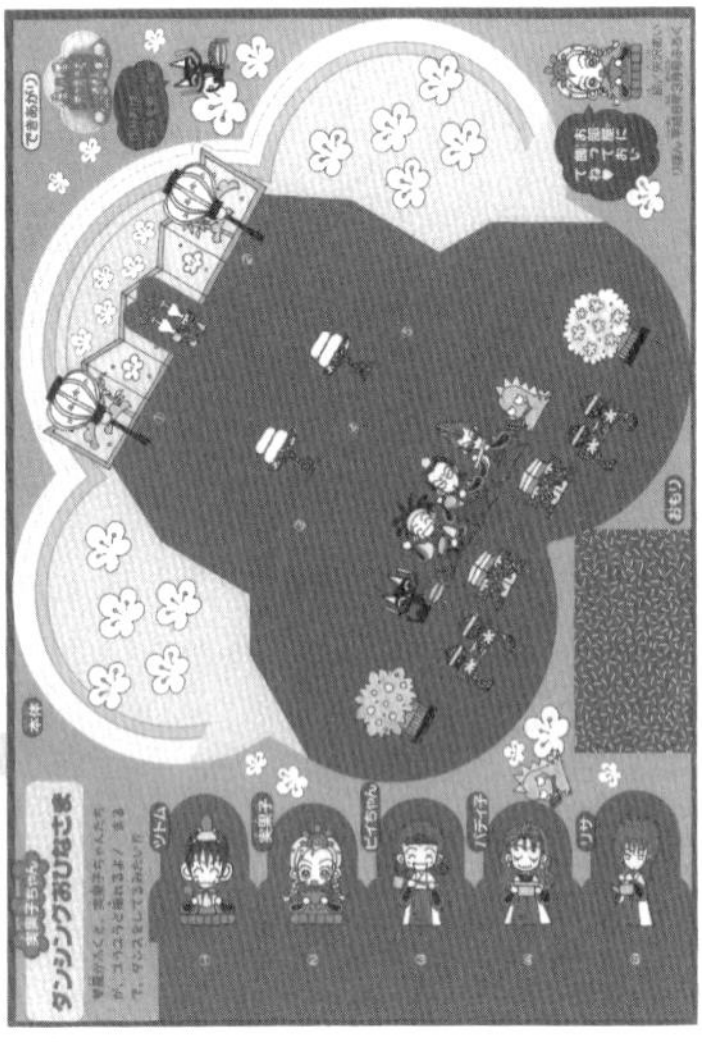

96年3月号

◆紗南ちゃんパレード・ペーパーボックス◆ナースエンジェルりりかSOSアニメブック◆実果子ちゃんダンシングおひなさま◆藤田まぐろのミモリちゃんレインボーシール

4月号
◆紗南ちゃんりぼん手帳◆せあらちゃんストロベリー・バッグ◆吉住渉の朱音ちゃんミニしたじき◆実果子ちゃんきせかえセット◆ミモリちゃんうらない宝石ボックス◆奏ちゃんおしゃれつめみがき◆彩花みんのチャチャフォトきりぬきスケール

5月号
◆実果子ちゃんファッションノート◆せあらちゃんレポートパッド◆りぼんフレッシュ別冊まんが（桐生楓&ギャグ3連発!!）◆朱音ちゃんプリティーボックス◆紗南ちゃんしっかりおてつだいメモ&クリップ◆奏ちゃんラブリーフラワー・シール◆ミモリちゃんスケールしおり

1996(平成8)年

6月号
◆椎名あゆみのせあらちゃんおふろレターセット◆朱音ちゃんレインボーバッグ◆紗南ちゃんラブリードール◆ご近所物語アニメブック　ラブラブファッション大作戦！◆チャチャ父の日プレゼントボックス◆ミモリちゃんケロケロ水占い

7月号
◆朱音ちゃんひまわりバッグ◆りぼんオールスターシールセット（椎名あゆみ／矢沢あい／水沢めぐみ／彩花みん）◆

1996(平成8)年

96年8月号

せあらちゃんシールケース◆紗南ちゃんシーパラダイスメモ◆藤井みほなのリノちゃんファンシーおやつトレイ◆ミモリちゃんケロケロストロー

8月号

◆りぼんアイドル４人＋藤田まぐろの

1996(平成8)年

ミモリちゃんシーズン・トランプ◆実果子ちゃん　おうちレターラック◆谷川史子の小町ちゃん　サマーダイアリー1996◆ミモリちゃん　日がわりウキウキカレンダー◆奏ちゃん　トラベルポーチ◆チャチャ　すいすい★グラスシール

9月号

◆朱音ちゃんキルトボックス◆せあらちゃんアルプスノート◆りぼん新学期スペシャル別冊（大塚由美／藤井みほな）◆紗南ちゃんポケットティッシュ◆実果子ちゃんハッピー・ベリーアートフレーム◆ミモリちゃんぷくぷくぷちシール◆藤井みほなのリノと八代のエチケットシール

10月号

◆紗南ちゃんどうぶつレターセット◆せあらちゃんわくわくランチセット◆ミモリちゃんお菓子な紙芝居◆実果子ちゃんアキンド・ブックカバー◆朱音ちゃんスニーカー・マスコット◆藤井みほなのリノ

1996(平成8)年

ちゃんおしゃれしおり

11月号

◆せあらちゃんグレープファイル◆りぼんにぎやかシールセット◆実果子ちゃんABCチェスト◆紗南ちゃんドールハウス◆ミモリちゃんほんのりハンカチホルダー◆高須賀由枝の朝日ちゃんミニレターメモ

12月号

◆紗南ちゃんコミックノート◆せあらちゃんこうかんノート◆朝日ちゃん　クリスマスノート◆実果子ちゃんミニ・トランクボックス◆ミモリちゃんツリーかざりメッセージセット◆大塚由美のミルクちゃんクリア・ラッピングペーパー◆チャチャキラキラパック◆亜月亮の愛花ちゃんカラー占いシール

96年12月号

1997(平成9)年

1月号
◆1997りぼんカレンダー◆藤田まぐろのミモリちゃんりぼんにっき◆りぼんオールスターわいわいプチかるた◆こどものおもちゃ紗南ちゃんドキドキすごろく◆TVアニメ版こどちゃ新聞◆お正月うきうきグッズ◆小花美穂の紗南ちゃんモウ♥モウスタンプ◆椎名あゆみのせあらちゃん和風シール

2月号
◆せあらちゃんショッピング・レターセット◆矢沢あいの実果子ちゃんバレンタイン・ボックス◆ロマンティック別冊「クリスタル前奏曲（森本里菜）」◆バレンタイン大作戦ブック◆池野恋のおしえて菜花スーパーファミリーしたじき◆大塚由美のミルクとビタミン　ランチタイムしたじき

3月号
◆高須賀由枝の朝日ちゃんメモリアルアルバム◆大塚由美のミルクちゃんマイメモリー&

97年4月号

1997(平成9)年

おともだちのきろく◆菜花ちゃんレターパッド◆せあらちゃんマーガレット・ポーチ◆りぼんオールスタータロット・カード◆藤田まぐろのミモリちゃんゆらゆらおひなさま

4月号
◆せあらちゃんりぼん手帳◆実果子ちゃんカラフルバッグ◆新学期よろしくカードセット◆ミルクちゃんカントリートレー◆ミモリちゃんひみつメモ

5月号
◆ミモリちゃんケロケロファンシーボックス◆にぎやか別冊

97年4月号

1997(平成9)年

わいわいりぼん（藤田まぐろ／片桐澪／亜月亮／彩花みん）◆水沢めぐみのくるみちゃんバレエ・ノート◆りぼんアイドルカラフルおりがみメモ◆実果子ちゃん母の日おてつだいバッグ◆長谷川潤のルカちゃんおともだちスケール◆ミルクちゃんネームシール

6月号
◆りぼんスペシャルシールコレクション◆くるみちゃん　ダストボックス◆ミモリちゃんはみがきポーチ◆菜花ちゃんクッキーバッグ◆せあらちゃん　ジューンブライド・ゲーム

97年6月号

1997(平成9)年

7月号
◆ミモリちゃんトロピカルバッグ◆りぼんアイドルサマーポストカード&カレンダー◆紗南ちゃんサマーボックス◆くるみちゃんぴかぴかモビール・ミニたんざく◆世界一周ワンダーどきどき心理ゲームツアー◆せあらちゃん透明ステッカー

8月号
◆ミモリちゃんマーメイド・レターセット◆りぼんギャグアイドル夏休み日めくりカレンダーシール'97◆彩花みんのチャチャふわふわバルーン◆実果子&ツトムおしゃれコーディネイトBOOK◆吉住渉ののえる&まりあミント・ストロー◆紗南ちゃんピンキー・マスコット

9月号
◆ケロケロちゃいむアニメトランプ◆新学期レッツゴー別冊（渡辺わかな／種村有菜）◆のえる&まりあミントティッシュ◆くるみちゃんバレリーナ貯金箱◆紗南ちゃんシャボン玉占い◆せあらちゃんキラキラ・スケール◆菜花ちゃんふわふわシール◆チャチャ　プチプチ・クリップ

97年9月号

97年9月号

1997(平成9)年

10月号
◆のえる&まりあスクール・パッド◆紗南ちゃんランチボックス◆ベイビィ★LOVEおめかしビッグ・ポスター◆ケロケロちゃいむアニメポスター◆りぼんオールまんが家名鑑◆くるみちゃんファンシー・プレゼントバッグ◆チャチャパンプキン・プレゼントバッグ◆ミモリちゃんハロウィン・フレーム◆倉橋えりかの亜里香ちゃんおやつクリップ◆あゆかわ華の斉&種村有菜のイオンインデックスシール

1997(平成9)年

11月号
◆のえる&まりあファッション・バッグ◆矢沢あいのご近所物語メモリアル・シールセット◆せあらちゃんウキウキジュエリーボックス◆くるみちゃんファンシー・メモ◆りぼんオールスター　キラキラブックカバー◆りぼんメンバーズカード

12月号
◆紗南ちゃんラブリー・レターセット◆高須賀由枝の菜緒ちゃんスタイリッシュ・ボックス◆のえる&まりあラッピングペーパー◆りぼんハッピー♥クリスマスブック◆くるみちゃん銀はがしクリスマス占い◆せあらちゃんピカピカシール◆あゆかわ華の斉くんダンディーアイマスク

97年11月号

1998(平成10)年

98年1月号

1月号

◆1998りぼんカレンダー◆水沢めぐみのくるみちゃんこうかん日記◆のえる&まりあ・せあら・菜緒の和風ボックス◆小花美穂の紗南ちゃんとらとら・お年玉おねだり袋◆藤田まぐろのミモリちゃんドキドキはつもうですごろく◆彩花みんのチャチャ開運おみくじ◆'98ギャグ始めおめでとうシール◆くまちゃんわくわくステンシル◆キューちゃんキラキラおまもり

1998(平成10)年

2月号

◆りぼんオールスターシールコレクション(せあらちゃん・紗南ちゃん・くるみちゃん・チャチャ・のえる&まりあ・菜緒ちゃん)◆高須賀由枝の菜緒ちゃん　シャボンノート◆吉住渉ののえる&まりあ　CDボックス◆ミモリちゃん　ドキドキメッセージパズル&ボックス◆水沢めぐみのくるみちゃん　バレンタインパック◆バレンタイン突撃チョコBOOK

3月号

◆紗南ちゃん　フォトアルバム◆別冊まんが「マリーちゃんの恋人(長谷川潤)」◆高須賀由枝の菜緒ちゃん思い出カード◆ミモリちゃんケロケロタワー・ペンスタンド◆寿・つぐみ・斉・チャチャのプリクラミニアルバム◆椎名あゆみのせあらちゃん&柊平ゆらゆらおひなさま◆くるみちゃんスプリングティッシュ◆のえる&まりあストロベリーシール

4月号

◆オールスターりぼん手帳◆菜緒ちゃんモーニング・バッグ◆種村有菜のまろんちゃんプリティー・ブックスタンド◆チャチャ　ドキドキ席がえ占い◆ミモリちゃんプチ・スタンド

5月号

◆種村有菜の怪盗ジャンヌ　アート・ノート◆せあらちゃんカフェタイムノート◆のえる&まりあサンドイッチ・ボックス◆くまちゃん・つばさちゃん・つぐみちゃんお弁当BOOK◆大塚由美の寿ちゃんペーパーナプキン◆菜緒ちゃん・美園ちゃん・くるみちゃん新学期めいしカード◆紗南ちゃんカーネーションカード◆森ゆきえのめだかの学校トントンすもうゲーム◆チャチャまんまるステッカー

1998(平成10)年

98年4月号

6月号

◆怪盗ジャンヌ　ビッグ宝箱◆矢沢あいのキャット・レターセット◆せあら&菜緒のジューンブライド占いミニブック◆ギャグせいぞろいタイムチェック・シール◆寿ちゃんパタパタほこりとり

7月号

◆矢沢あいの蛍ちゃんサマーバッグ◆り

55~59年
60~69年
70~79年
80~89年
90~99年
00~09年
10~15年

1998(平成10)年

ぼんバラエティ・シールセット◆りぼんサマー・ポストカードセット◆菜緒ちゃんティッシュ・ボックス◆怪盗ジャンヌフライング・ソーサー

8月号

◆りぼんアイドル　アルファベットトランプ&トランプケース（吉住渉・高須賀由枝・種村有菜・春日るりか）◆せあらちゃんメモ・パッド◆おめん屋さんシール&スタンド◆紗南ちゃんトラベルポーチ◆片桐澪のくまちゃんポンポンサマーゲーム

9月号

◆のえる&まりあミントクリニック・ノート◆別冊まんが（倉橋えりか／ユー

98年8月号

1998(平成10)年

キあきら）◆菜緒ちゃんおやつトレー◆怪盗ジャンヌ　デラックスポスター&ウォールポケット◆りぼん新聞◆せあらちゃんミニチュア・ティーセット◆森ゆきえのめだかの学校おりがみレター◆田辺真由美のまゆみ!ご長寿お守&メガネふき

10月号

◆菜緒ちゃんブック・レターセット◆怪盗ジャンヌカードファイル◆りぼんスペシャルキャラクターカード第1弾（神風怪盗ジャンヌ／ベイビィ★LOVE）◆のえる&まりあ　ハッピーハロウィーンペンスタンド◆チャチャぱたぱたドミノ◆長谷川潤のユキちゃんとうめいしおり

11月号

◆怪盗ジャンヌロマンティック・バッグ◆小花美穂のこどものおもちゃ　メモリアル・セット◆藤田まぐろのルピカちゃんキラキラ・ボックス◆のえる&まりあMINI[P]こうかんノート◆りぼんスペシャルキャラクターカード第2弾（グッドモーニング・コール

1998(平成10)年

／赤ずきんチャチャ）◆森ゆきえのめだかの学校芸術の秋アート占い

12月号

◆菜緒ちゃんストロベリー・ファイル◆種村有菜のまろん&稚空クリスマス・ミニレターセット◆のえる&まりあウインター・ポーチ◆ルピカちゃんツリーかざりセット◆とびだす!クリスマス・ソングブック◆りぼんスペシャルキャラクターカード第3弾（ミントな僕ら／ティンクル★ティアラ）

98年12月号

1999(平成11)年

1月号

◆1999りぼんフラワーカレンダー◆吉住渉ののえる&まりあおこづかい帳&シール◆種村有菜の怪盗ジャンヌ変身からくり・ぼっくす◆彩花みんの赤ずきんチャチャニャンコハウス貯金箱◆藤田まぐろのルピカちゃんぴょんぴょんはしおき◆運だめし始め！　サイコロ占い&ころりん・ビンゴゲーム◆高須賀由枝の菜緒ちゃんお正月スタンプ◆椎名あゆみのせあらちゃんお年玉おねだり袋

99年1月号

1999(平成11)年

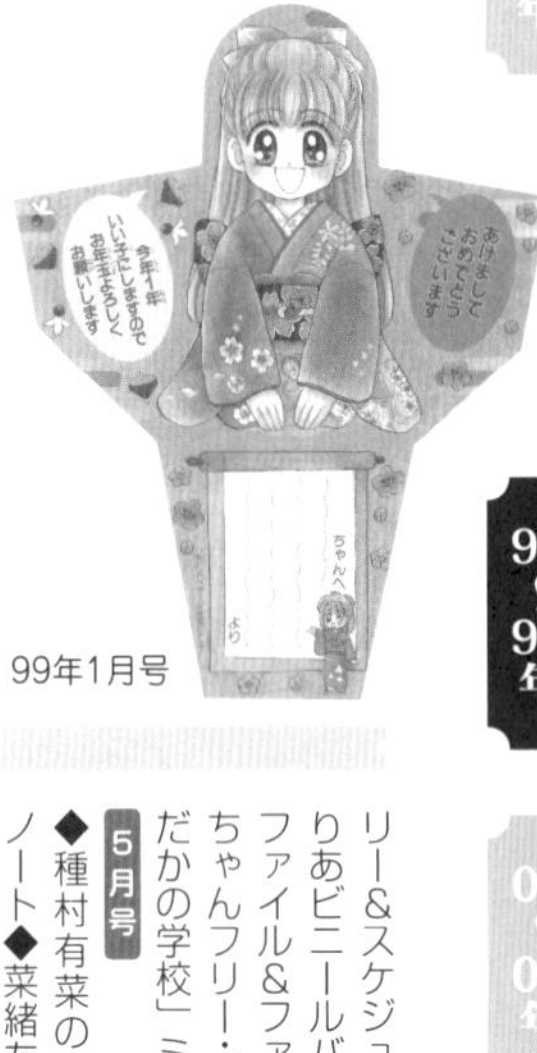

99年1月号

2月号

◆種村有菜のまろんちゃんエンジェル・ブックスタンド◆りぼん新春スペシャル別冊（秋本治）◆菜緒ちゃんメモパッド◆椎名あゆみのせあら&柊平バレンタインプレゼントパック◆ルピカちゃんバレンタイン作戦ブック◆のえる&まりあフラワー・ブックカバー◆チャチャ節分セット◆亜月亮のリカちゃん青春チェッカー◆りぼんオールキャラうきうきバラエティシールセット

3月号

◆せあらちゃんメロディーレターセット◆菜緒ちゃんパステル・レターラック◆のえる&まりあフォト・ダイアリー◆ペタペタコーナーシール◆ジャンヌ&シンドバッド　ミニティッシュ◆ルピカちゃんくるくるお花畑占い&お花のおひなさま

4月号

◆1999オールスターりぼんダイアリー&スケジュールシール◆のえる&まりあビニールバッグ◆菜緒ちゃんお菓子ファイル&ファイルメモ◆亜月亮のリカちゃんフリー・ボックス◆森ゆきえの「めだかの学校」ミニ公園セット

1999(平成11)年

5月号

◆種村有菜のまろんちゃんスクール・ノート◆菜緒ちゃんグッドモーニング・ノート◆藤井みほなの蘭ちゃんトラベル・ペーパーボックス◆りぼんアイドル背くらべスケール◆子どもの日・ワイワイ輪投げゲーム◆めだかの学校・母の日お手伝いチケット◆リカちゃんフォトシール◆めだかの学校メッセージシール

6月号

◆吉住渉ののえる&まりあソーイング・ボックス◆オールキャラ　バラエティシールセット◆椎名あゆみのベイビィ★LOVEメモリアルポストカード◆まろんちゃんプチバッグ◆めだかの学校ヘル

99年4月号

99年4月号

1999(平成11)年

シーチェッカー◆蘭ちゃんひみつメモ◆あゆかわ華の駒由ちゃん父の日ありがとうセット

7月号
◆怪盗ジャンヌ　カラフルバッグ◆蘭ちゃんデニム・レターセット◆のえる&まりあ七夕ボックス◆駒由&健天の川キスキス占い◆菜緒ちゃんピンキーストロー

8月号
◆りぼんアイドル　ワールドトランプ◆蘭ちゃんサマーメモパッド◆菜緒ちゃんとうめいうちわ◆

99年11月号

1999(平成11)年

駒由ちゃん貝がらこばこ◆彩花みんのチャチャ　ドリンクキープ・ホルダー◆亜月亮のガル子　グラス・マスコット◆怪盗ジャンヌ　立体ステッカー◆めだかの学校　ドキドキ金魚すくい占い

9月号
◆怪盗ジャンヌ　おしゃれバッグ◆別冊まんが『南ちゃんの夏休み（水沢めぐみ）』◆菜緒ちゃん　フォトアルバム◆蘭ちゃん　ペンシルペンスタンド◆めだかの学校　ペーパーヨーヨー&ポチ君宿題しおり◆新学期にぎやかネームシール◆瀬戸優菜のもかちゃん　ミニスケール

10月号
◆のえる&まりあ　フルーツ・ノート◆蘭ちゃん　ショッピング・ノート◆菜緒ちゃん　ランチボックス　ウエットティッシュ　ペーパーナプキン◆彩花みんの赤ずきんチャチャ　メリーゴーラウンド占い◆くまちゃん・めだかの学

1999(平成11)年

校　とびだしーる◆怪盗ジャンヌ　ビッグポスター◆りぼん新聞

11月号
◆菜緒ちゃん　ピクニック・ファイル◆のえる&まりあ　アンティークデスクボックス◆蘭ちゃん　カラフル・シールセット◆怪盗ジャンヌ　バラエティ・シールセット◆藤田まぐろのねねちゃんモコモコネームタグ◆りぼんアイドル性格診断チェックカード◆めだかの学校　さかなつりしおり

99年12月号

12月号
◆怪盗ジャンヌ　カード・レターセット◆小花美穂のパートナー　メタリックバッグ◆菜緒ちゃん　ジュエリーボックス◆のえる&まりあ　メッセージリース◆藤井みほなのGALS!　カウントダウンカレンダー◆もうすぐ2000年!!開運・ハッピ～BOOK

00年2月号

2000(平成12)年

1月号

◆２０００りぼんカレンダー／カレンダーシール◆藤井みほなの蘭ちゃんこうかんノート◆種村有菜のまろんちゃん年賀状ボックス◆高須賀由枝の菜緒ちゃん風水インテリア占い＆ミニブック◆りぼんニューイヤースタンプ◆藤田まぐろのねねちゃんネイルシール◆彩花みんチャチャのちきゅうぎ貯金箱

2月号

◆まろんちゃんおうちラック◆菜緒ちゃんファッション・バッグ◆蘭ちゃんおたのしみメモパッド◆吉住渉ののえる＆まりあハッピーバレンタイン・ボックス◆亜月亮のありさちゃんバレンタイン・シークレットカード◆りぼん特製!!ミニＢＯＯＫバレンタイン大作戦!!◆まろんちゃん＆蘭ちゃんラブ★ラブスクラッチシール◆ねねちゃんくるりん風車占い◆めだかの学校＆赤ずきんチャチャわんわんポケットシール◆菜緒ちゃんピカピカつめみがき

2000(平成12)年

3月号

◆神風怪盗ジャンヌクリアポケットアルバム／思い出カード◆蘭ちゃんストロベリーボックス◆別冊まんが「探偵レボリューション（森本里菜）」◆菜緒ちゃんメッセージ・ボード◆椎名あゆみのペンギン☆ブラザーズ　陽菜ちゃん　おともだちシール◆ありさちゃんタイムカプセル／データ・メモ◆くまちゃんまゆみ!／めだかの学校ドキドキおひなさまゲーム◆赤ずきんチャチャふしぎシール

4月号

◆りぼんダイアリー＆スケジュールシール◆菜緒ちゃんチューリップボックス◆ありさちゃんエチケットパック◆椎名あゆみの陽菜ちゃんミニティッシュ◆森ゆきえのめだかの学校パソコン型システムスタンド◆まろんちゃん新学期なまえシール◆津山ちなみのＨＩＧＨ ＳＣＯＲＥぱたぱたカ～ドファイル

00年3月号

5月号

◆陽菜ちゃんスカイノート◆蘭ちゃんファンキーレポートパッド◆まろんちゃんくるりんサーカスボックス◆りぼんアイドルギフトシール◆高須賀由枝のグッドモーニング・コールラブラブ・ハート・クリップ◆めだかの学校ミニミニ心理テストカード＆シール◆ＨＩＧＨ ＳＣＯＲＥ母の日お手伝いセット◆神風怪盗ジャンヌ　メタリックシール

2000(平成12)年

6月号

◆ペンギン☆ブラザーズ水玉レターセット◆蘭ちゃんＣＤボックス◆まんが家情報秘密を探して・３０００㎞!!◆りぼんアイドルハッピー占い◆くまちゃんＨＩＧＨ ＳＣＯＲＥ父の日銀ハガシ大作戦◆怪盗ジャンヌレインドロップ・ネームタグ◆田辺真由美のまゆみ!　ボーバーパラパラまんがシール◆めだかの学校傘立て占い

2000(平成12)年

7月号
◆蘭ちゃんリゾートバッグ◆りぼんアイドルサマーポストカード&カレンダー◆あゆかわ華の陸ちゃんアロハうちわ◆ありさちゃんフラワーミニラック◆怪盗ジャンヌキラキラ★ストロー◆めだかの学校光る！蛍占い◆片桐澪・田辺真由美・津山ちなみの七夕おねがいシール

00年7月号

8月号
◆りぼんアイドルフラワー&フルーツトランプ◆蘭ちゃんサマー・ビッグバスケット◆神風怪盗ジャンヌメモリアルビッグポスター◆怪盗ジャンヌーまろんの思い出ボードー◆陸ちゃん真夏のさっぱりあぶらとり紙◆りぼんバラエティ夏休みシール

2000(平成12)年

9月号
◆菜緒ちゃんマンションボックス◆別冊まんが「Ｓｕｐｅｒ占いコミック２０００」◆種村有菜のキョーコちゃんミニバッグ◆りぼんアイドルパズル・ミニレターセット◆赤ずきんチャチャメモリアルシール／みんちゃんのチャチャこぼれ話◆亜月亮のWピンチ!!○×ペンシルマスコット

10月号
◆吉住渉の優架ちゃんティータイム・ノート◆蘭ちゃんおでかけランチボックス◆キョーコちゃんペンスタンドつきだよ！ブックエンド◆蘭ちゃんボディーアート・シール◆菜緒ちゃんコーディネートチェック！◆グッドモーニング・コールイロイロ恋占い◆めだかの学校おやつバッグ◆ありさ&アリサグレープ・シール◆HIGH SCORE占いスクラッチ・シール

00年8月号

2000(平成12)年

11月号
◆蘭ちゃんパワフルボックス◆種村有菜の響古ちゃん エスニック・ノート◆陽菜ちゃんフラワー・ミニポーチ◆蘭ちゃんアクセサリースタンド◆菜緒ちゃんティータイムティッシュBOX&メモ／キラキラ布シール◆りぼんバラエティクリップしおり◆Wピンチ!! フォトスタンド◆めだかの学校パレットカラー相性占い

12月号
◆響古ちゃんメモリアルファイル◆蘭ちゃんゴンカワ・ブレスレット◆藤井みほなのGALS！ジュエリー★ツリーBOX◆菜緒ちゃんミニブック・レターセット◆陽菜ちゃんトゥインクル★パケット◆ありさ&アリサスロットマシーンカウントダウンカレンダー◆りぼんオールスターバラエティ手帳シール

00年11月号

トマトのつぶやき

2000年代

ふわふわ、ぷくぷく、モコモコ、ふわモコ、ぷっくり――21世紀になって、りぼんっ子たちはこんな気持ちいい手ざわりのふろくを楽しむことができるようになりました。この手ざわりがりぼんのふろくにかえってきたのは60年代について以来、約50年ぶりのことです。

どうして気持ちいい手ざわりがふろくにもどったかって？　それはね、ふろくのルールが変わって、それまで使えなかった素材のグッズがつけられるようになったからです。

モコモコしたシュシュやぷくぷくのゲームポーチなど手ざわりのいいモノ、と同時に、かたくて丈夫なケース、缶、ビーズなどもふろくにお目見えするようになります。

03年5月号

ジェルペン、缶バッジ、デコテープ、チャームつきペンケース、ネイルセットなどが素材が自由になることでどんどんふろくになりました。システム手帳や目覚まし時計、腕時計などは、お姉さんやお母さん世代から「すごい！」の声も寄せられました。

そして変わったのは素材だけでなく、例えば、ペンケース、消しゴム、えんぴつ、ハサミ、蛍光ペンなど、全部がひとつの箱に入って、開けるとすぐに使えるようになっています。

60年目をむかえて、ふろくはもっと元気に楽しく、パワーアップしていきます。

うとママのつぶやき

セット大好き♡

「ほしいものはぜ〜んぶ、りぼんのふろくについてほしいの」こんなふろくファンのココロを60年間ぎゅっとつかんできたキーワードが〝セット〟です。60年間で「○○セット」と名のついたふろくは、150以上。「セット」という呼び名でなくとも、「○○箱」「○○ボックス」という名前でいくつもアイテムがついていたり、ファイルの表紙を開くとシールやしおりやメモが開けても開けても出てきたり——。りぼんのふろく世界は、まさに女の子の夢をかなえるミラクルワンダーランドなのです。

「○○セット」の初登場は、創刊2年目の56年11月号「シンデレラしおりセット」でした。「レターセット」、「ステショ（文房具）セット」、アルバムやサイン帳がいっしょになった「思い出セット」などは特に人気で何度も登場しています。

90年代には、「レターセット」と「バレンタインセット」の2セットが一度についたこともあったし、11年9月号には「激カワ★メガ盛りデコセットもりもり13点!!」なんて元気な名前もあります。

また、ふろくの予告に「おしゃれセット」「おたのしみセット」「バラエティセット」「思い出セット」などとあると、（何が入ってるのだろう）と予告ページの写真やイラストで熱心に予習して、発売日にはわくわくしながらパッケージを開けたふろくファンも多いでしょうね。

57年2月号

2001（平成13）年

1月号

◆2001りぼんスマイルカレンダー&スマイルシール◆藤井みほなの蘭ちゃん和風年賀状ラック◆種村有菜の響古ちゃんプチ・ポケット◆高須賀由枝の菜緒ちゃんおこづかい手帳&ケース◆りぼんアイドルスーパーかるた21◆藤田まぐろの絵美ちゃん手相占いミニミニセット／えみゅらんぷお年玉おねだりング袋◆亜月亮のWピンチ!! 日本のお正月シール◆椎名あゆみの陽菜ちゃん年賀状スタンプ2001

01年1月号

2001（平成13）年

2月号

◆響古ちゃんロマンティックレターセット◆別冊まんが（森本里菜／彩花みん）◆蘭ちゃんスターミニ・バッグ◆吉住渉の優架ちゃんプチ・ポケット◆菜緒ちゃんぴかぴかラブリーシール◆陽菜ちゃんスィート・バレンタイン・シール◆蘭ちゃん・亜月亮のありさちゃん2001バレンタイン必勝セット

3月号

◆蘭ちゃんおともだちファイル◆りぼんアイドルバラエティシールセット◆響古ちゃんフラワー・フリーボックス◆菜緒ちゃんプチ・ポケット◆優架ちゃんファンシーティッシュ◆森ゆきえ・片桐澪のめだかの学校&くまちゃん変装おひなさま／変装おひなさまシール

4月号

◆りぼんダイアリー／スケジュールシール◆蘭ちゃんファッションボックス◆菜緒ちゃんフレッシュ・イエローバッグ◆りぼんアイドル新学期なまえ&おべんきょシール◆森ゆきえのポチくんお絵かきしおり◆えみゅらんぷミニミニランドセルセット◆優架ちゃんプリティ・マグネット◆りぼんバラエティ新学期とびでて！ よろしくカード

5月号

◆蘭ちゃんカラフル・ノート◆響古ちゃんフェアリーノート◆菜緒ちゃんだんだんペンスタンド◆優架ちゃんフレッシュピクニック ファイル◆えみゅらんぷ母の日お手伝いポール◆蘭ちゃんレインボーシール◆ギャグキャラ見出しシール◆みんなヨロシク！ お友だちシール

2001（平成13）年

6月号

◆蘭ちゃんおしゃれラック◆槙ようこの麻衣ちゃんラブリーメモパッド◆優架ちゃんハッピーメモ◆菜緒ちゃんぐるぐるドアメッセージ◆椎名あゆみのペンギン☆ブラザーズとけ〜る！秘密メモ◆蘭ちゃんケータイ電話カード◆りぼんアイドルカラフル・名前シール◆種村有菜の時空異邦人KYOKOプリンセスシール

01年6月号

2001(平成13)年

7月号

◆蘭ちゃんクールサマーバッグ◆響古ちゃんキラキラ☆レターラック◆菜緒ちゃんレモンの香りさわやかせんす◆陽菜ちゃんぴりぴりフルーツレター◆槙ようこの麻衣ちゃんサマー・キリトリレター◆藤井みほなのGALS! ラメピカ♥ネイルシール◆優架ちゃん夏色バンソーコー◆松本夏実の桃花ちゃんひんやり飲みごろシール

8月号

◆りぼんアイドル部活動トランプ／トランプケース◆蘭ちゃん・菜緒ちゃんサマーフレンドノート／サマーフレンドシール◆桃花ちゃんゆらゆらチャイナボックス◆吉住渉のランダム・ウォークトリプル水着占い◆響古ちゃん素肌にピッタリ! シール◆HIGH SCOREクローズアップシール

01年8月号

2001(平成13)年

9月号

◆蘭ちゃんハート・ボックス◆別冊ふろく（寿らいむ）◆菜緒ちゃんスウィート貯金箱◆ギャグキャラ㊙虎の巻メジャー◆麻衣ちゃん ペタペタウイークリーボード◆松本夏実の聖♥ドラゴンガールミニミニおふだメモ◆陽菜ちゃん・榎本ちづるの夏子ちゃんメッセージシール◆HIGH SCORE変身4コマシール◆蘭ちゃんスネークステッカーシール◆響古ちゃんピチピチシャボン玉パック

10月号

◆特別とじこみふろく蘭ちゃん超ファッション・バンダナ◆GALS! アニマル・レターセット◆麻衣ちゃんオータムボックス◆菜緒ちゃんグレープ・ブックカバー◆前川涼のアニマル横町ハロウィン変装セット◆陽菜ちゃんウッディー・シール◆桃花ちゃんキラキラ反射シール

11月号

◆別冊まんが（槙ようこ／松本夏実）◆蘭ちゃんおでかけおしゃれバッグ◆桃花ちゃんチャイニーズ・レポートパッド◆種村有菜シール・コレクション◆椎名あゆみ・亜月亮の陽菜ちゃん&風子ちゃんぬりだしオリジナル4コマ&秋のイロイロ占い◆めだかの学校ミュージック5連ひきだし◆菜緒ちゃんクリスタルおりがみ◆ミニりぼん文庫（亜月亮・藤井みほな／槙ようこ／松本夏実）

2001(平成13)年

01年11月号

12月号

◆特別ふろくりぼんアイドルカラフル缶バッジ・コレクション◆特別とじこみふろくりぼんオールスタークリアシール・コレクション◆麻衣ちゃんブッシュ・ド・ノエル・ボックス◆桃花ちゃんクリスマス立体カード&透明ふうとう◆水沢めぐみの鈴ちゃんキラキラ・リースバッグ◆りぼんオールスタークリスマス・パーティーモール◆りぼんHAPPY GUIDEBOOK2002◆高須賀由枝のグッドモーニング・コールクリスマス・ラッピングペーパー◆風子ちゃんクリスマス・ウインドウシール

2002(平成14)年

02年1月号

1月号
◆りぼんオールスタースーパー・シールブック◆2002りぼんカレンダー◆槙ようこ／麻衣ちゃんウインター・ポストカードファイル◆高須賀由枝／ぐっどもうにんぐ　こうる　和風メモ◆亜月亮／風子ちゃん福笑い◆お正月だよ！　りぼん情報局◆松本夏実／聖♥ドラゴン・ガール新年開運セット◆田辺真由美／ボーバーぱっくん貯金箱◆2002年

2002(平成14)年

りぼんアニマルキャラ水出し相性占い

2月号
◆種村有菜／満月ちゃんフラワー・レターセット◆麻衣ちゃんストロベリー・バッグ◆松本松実／桃花ちゃんクリスタルボトルBOX◆りぼん特製ミニBOOK　手作り／ハッピー♥バレンタイン♥カードセット&チョロ印チョコレート封筒◆藤井みほな／GALS！ぴっかぴかシール◆高須賀由枝／グッドモーニング・コール　ポップ★ラメネイルシール

3月号
◆りぼんおしゃれセット（藤井みほな／蘭ちゃんマスコットつきパステルポーチ・種村有菜／満月ちゃんミニティッシュ・亜月亮／風子ちゃんカラフルばんそうこう・倉橋えりか／愛里ちゃんおめかし・つめみがき）◆満月ちゃんラブリーフォトアルバム◆桃花&竜牙ピーチハウスボックス◆高須賀由枝／菜緒ちゃんチア★ガールこうかんノート

02年1月号

4月号
◆満月をさがしてキラキラ★セット◆藤井みほな／GALS！　ファッショナブル・ノート◆桃花ちゃん開運風水マスコット◆吉住渉／亜由ちゃん&仁菜ちゃん花のプチバスケット◆前川涼／アニマル横町くるりんテンプレート

2002(平成14)年

5月号
◆特別ふろく　槙ようこ「愛してるぜベイベ★★」ゆずゆちゃんパワフル★リストバンド◆満月ちゃん　ブルースカイファイル◆りぼんキャラクターカードコレクション◆前川涼・津山ちなみ／アニマル横町・HIGH SCORE折りたたみ㊙メモ◆風子ちゃん母の日花束カード◆亜由ちゃん&仁菜ちゃんみずいろポーチ◆グッドモーニング・コールメモリアルシールブック

6月号
◆満月をさがしてロマンティックボックス◆GALS！　スーパーメモリアルポスター◆りぼんオールスタータロットカード&タロット占い　おまかせシート◆仁菜ちゃんゆらゆらマスコット◆倉橋

2002(平成14)年

えりか／愛里&多樹ひみつメモ◆りぼんキャラクターカードコレクション◆愛してるぜベイベ★★きらりん★ホロシール

02年5月号

7月号

◆満月ちゃんスターライト・バッグ◆愛してるぜベイベ★★おさんぽメモ◆りぼんキャラクターカードコレクション◆亜由ちゃん&仁菜ちゃん夏色手あみカゴ◆風子ちゃんコンパクトせんす◆愛里ちゃんビューティー★ボディシール

8月号

◆りぼんアイドル夢占いトランプ&ケース◆ゆずゆちゃんなつやすみレターセット◆りぼんキャラクターカードコレクション◆風子ちゃんタテヨコフォトスタンド◆酒井まゆ／未花ちゃんナインパールボックス

02年11月号

◆榎本ちづる花まるGO！GO！　マイペットボトルラベル

2002(平成14)年

9月号

◆特別ふろく満月ちゃんエナメルペンケース◆別冊まんが「ぴよぴよ天使（水沢めぐみ）」◆りぼんキャラクターカードコレクション◆仁菜ちゃんマジカルトレジャーボックス占い◆結平くん&ゆずゆちゃんペンシル・マスコット◆愛里ちゃんキラキラ・スケール

10月号

◆ゆずゆちゃんカラフルバッグ◆満月ちゃんフルムーンCDラック◆高須賀由枝ハルちゃんキャラクターカードコレクション・スペシャルホルダー◆りぼんキャラクターカードコレクション◆ゆずゆちゃんペーパーナプキン◆愛里ちゃんクラフトブックカバー◆びっくり伝言メモ

11月号

◆りぼんオールスターシールコレクション◆満月ちゃんシールストックブック&シールケース◆結平&ゆずゆクリアしたじき◆高須賀由枝／桜ヶ丘エンジェ

2002(平成14)年

02年11月号

ルズショルダーノート◆高須賀由枝／ハルちゃんドキドキ★コーディネート占い◆アニマル横町おかしな森のレストラン

12月号

◆特別ふろく　高須賀由枝／ハルちゃんビーズブレスレット◆ゆずゆちゃんレインボー・レターセット◆種村有菜／フルムーンウインターバッグ◆亜由ちゃん・仁菜ちゃんクリスマスアップルボックス◆りぼんクリスマスこれでバッチリ!!告白大作戦!!

2003(平成15)年

1月号
◆槙ようこBABYペンダント◆2003りぼんカレンダー◆高須賀由枝ハルちゃん　レターボックス◆吉住渉ウルトラマニアックちよがみパッド◆前川涼アニマル横町なつかしお正月セット◆新春かるた占い

2月号
◆高須賀由枝キューティ・デニムポーチ◆種村有菜満月をさがして　バレンタインプチボックスセット◆りぼんキャラクターカードコレクション◆椎名あゆみ／美咲ちゃん　ダイス・ブロックメモ◆吉住渉／亜由&仁菜フルーツキャンディバッグ◆槙ようこ／愛してるぜベイベ★★コミックノート

3月号
◆ハルちゃんヘアピンチェリー◆メモリアルバインダーセット◆りぼんキャラクターカードコレクション◆種村有菜／タクト&めろこおひなさまスウィング小物入れ◆酒井まゆ／妃芽ちゃんスペシャルビッグポスター◆ギャグオールスターゲームブック

03年3月号

03年3月号

4月号
◆愛してるぜベイベ★★しんがっきおどうぐセット◆りぼんアイドルおたのしみ♥きりとりノート◆美咲ちゃんカジュアル・ミニバッグ◆亜由ちゃん&仁菜ちゃん　プチ★クリアじょうぎセット◆満月をさがしてバラエティー★ロングシール◆りぼんキャラクターカードコレクション　◆アニマル横町どき★どき占いカード

5月号
◆りぼんバラエティー春色おしゃれセット（ラブリーミニタオル／クリアヘアブラシ&クリアミラー／缶バッジ）◆心の宝さがしハンドブック!!◆りぼんキャラクターカードコレクション◆倉橋えりかMAXラブリー！　ペンシルトレー◆酒井まゆ　永田町ストロベリィラブ&マネーシール

6月号
◆別冊まんが（水沢めぐみ／あゆかわ華）◆満月ちゃんメロディーストラップ◆妃芽ちゃんいちごコインパース◆槙ようこゆずゆちゃんプリティ♡ティッシュ◆亜月亮ラブわん！　わんわん★小物入れ◆今日の占い天気予報!!

7月号
◆別冊まんが（ユーキあきら）◆ゆずゆちゃんフルーティーバッグ◆妃芽ちゃんきら

03年6月号

03年7月号

きらハート♥ケース◆満月をさがしてはがきスタンド◆春田なな このみちゃんパステルあぶらとり紙◆ラブわん！ バウワウ★ボディシール

2003(平成15)年

8月号

◆満月をさがしてサマー・アクセサリーセット（クリア★バングル／キューブヘアゴム／ヘアクリップ）◆別冊まんが(ミキマキ) ◆酒井まゆ玉ちゃんぷにぷにマスコット◆槙ようこ愛してるぜベイベ★★わいわい占いカード◆このみちゃんわんわんドアボード◆榎本ちづる恵麻ちゃんドッキリ！レターセット

9月号

◆特別とじこみふろく りぼんパソコンCD−ROM◆別冊まんが（松本夏実）◆妃芽ちゃんストロベリィ・シャープペン◆槙ようこゆずゆちゃんスター★グリッター◆亜月亮 トラちゃんブンブンクリップ◆MAXラブリースタイリッシュ・ノート◆亜由&仁菜マジカルサーカススタンド◆満月をさがしてポエム・マウスパッドシール

10月号

◆妃芽ちゃんストロベリィ・ボールペン◆ゆずゆちゃんプリティ・ペンケース◆満月をさがしてファンタジック★したじき◆りぼんキャラクターカードコレクション◆ラブわん！ うんどうかいバッグ◆榎本ちづる13日は金曜日？パンプキンボックス

2003(平成15)年

11月号

◆妃芽ちゃんきらきら★マニキュア◆満月をさがしてプチ♥缶ケース◆愛してるぜベイベ★★ガーリッシュポスター◆りぼんキャラクターカードコレクション◆ラブわん！ トラベル小物入れ◆ウルトラマニアックにこにこネイルシール◆津山ちなみHIGH SCOREキューティ♥つめやすり

12月号

◆りぼんアイドルご当地トランプ・ゆずゆちゃんご当地トランプケース◆玉ちゃんマスコットゴム◆りぼんキャラクターカードコレクション◆りぼんオールキャラ手帳シール◆亜月亮・種村有菜トラちゃん&ねこタクト ビッグ・クリスマスカード◆亜由&仁菜クリスマス・ラッピングペーパー

2003(平成15)年

03年12月号

2004（平成16）年

1月号

◆2004りぼんカレンダー◆種村有菜ねこタクト　おまもりマスコット◆新春うらないノート◆りぼんキャラクターカードコレクション◆松本夏実聖♥ドラゴンガールみらくる　ちよがみ小箱◆りぼんギャグキャラかるたとりシール

2月号

◆槙ようこゆずゆちゃん　おしゃれレターセット◆種村有菜フルムーン　ドリーミーペンセット◆酒井まゆ妃芽&夏野プリンセスノート◆聖♥ドラゴンガールみらくるバレンタイン☆クリアバッグ◆前川涼アニマル横町ラブリーハートボックス◆田辺真由美　桃ンガ先生桃バルーン占い

3月号

◆りぼんアイドルカラフル缶バッジセット◆ゆずゆちゃんプチ★ロゴポーチ◆酒井まゆ　玉三郎よせがき色紙◆アニマル横町ぷりちぃ♥ハンカチ◆原田妙子ピンクでいこう！　チューリップシール◆亜月亮ラブわん！　ひなかざり★わなげ占い

4月号

◆りぼんオールスターシールフレーク◆春田なな未来ちゃんキラキラ★ラメペン◆アニマル横町プリチィ★イヨ消しゴム◆ゆずゆちゃんハートフル・バッグ◆酒

2004（平成16）年

井まゆ永田町ストロベリィ・種村有菜満月をさがして　ぞろぞろ名刺ブック◆フルムーン絵皿トレー◆酒井まゆ玉ちゃん透明ケース

5月号

◆未来ちゃんコスメセット◆りぼんビューティーブック◆りぼんアイドルバラエティ★ネイルシール◆ピンキーミラー&コーム◆スイート★リップグロス◆きんちゃくポーチ◆満月をさがして花ことばシール◆聖♥ドラゴンガールみらくるバルーン★ホワイトボード◆槙ようこ愛してるぜベイベ★★ラッキー・コンパクトうらない◆妃芽ちゃんイチゴおりがみメモ◆りぼんオールスタースーパー・シールブック

6月号

◆ゆずゆちゃんレインボーテープ&カッター◆聖♥ドラゴンガールみらくるメッセージスタンプ◆りぼんガールズコレクション第2弾（酒井まゆ永田町ストロベリィふわふわヘアピン）◆未来ちゃんウエスタンペンスタンド◆満月をさがしてメモリアルCDラベルシール◆別冊まんが（藤

2004（平成16）年

田まぐろ）

7月号

◆未来ちゃんまんまるポーチ◆りぼんガールズコレクション第3弾（愛してるぜベイベ★★きらきら★ビーズセット）◆聖♥ドラゴンガールみらくる杏&蓮銀はがし七夕★占い◆アニマル横町Tシャツはがきラック◆別冊（ミキマキ）

8月号

◆未来ちゃんビッグ★コーム◆ゆずゆちゃんブルーマリンバッグ◆りぼんアイドルサマーポストカードセット◆玉三郎パタパタうちわ◆津山ちなみHIGH SCORE水着コレクション貯金箱&セクシーしおり◆聖♥ドラみらくるキラキ

04年8月号

I LOVE BABY☆☆
04年10月号

2004(平成16)年

ラシール

9月号
◆ゆずゆちゃん　ラブリー♥めざまし時計◆福米ともみ　ももぶた　もももケース◆聖♥ドラゴンガールみらくる　クリアしたじき◆未来ちゃん　RMCプレミアムブックカバー◆アニマル横町　スイート☆パラダイスシール

10月号
◆種村有菜灰音ちゃんシルバークロスさいふ◆ゆずゆちゃんきらきら★こうかんノート◆未来ちゃんストリートスタイルバッグ◆聖♥ドラゴンガールみらくるハロウィーン★パーティーボックス

11月号
◆ゆずゆちゃんキューティ・ドレッサー◆未来ちゃん秋色クラフト★メモ◆種村有菜　紳士同盟†フォト&はがきスタンド

12月号
◆りぼんHAPPYシステム手帳2005◆愛してるぜベイベ★★ピンキー♥ボールペン◆春田ななサボテンの秘密ツリーぐらぐらゲーム

トマトのクイズ（12p）こたえ①〜⑩

①76年10月号　陸奥A子のアイビーノートデラックス
②94年 3月号　矢沢あいの翠ちゃん思い出セット
③88年 9月号　柊あおいの香澄㊞シュガーポット
④87年 3月号　池野恋のランゼジュエルボックス
⑤88年11月号　さくらももこのまるちゃんナイスデイ・バッグ
⑥94年 7月号　りぼんオールまんが家なんでも大百科
⑦76年 1月号　一条ゆかりのチャーミング・バッグ
⑧87年 3月号　岡田あ〜みんのお父さん合格まねき猫
⑨95年 8月号　おしごとトランプ
⑩84年 4月号　萩岩睦美のポー・ハンドワーク・ノート

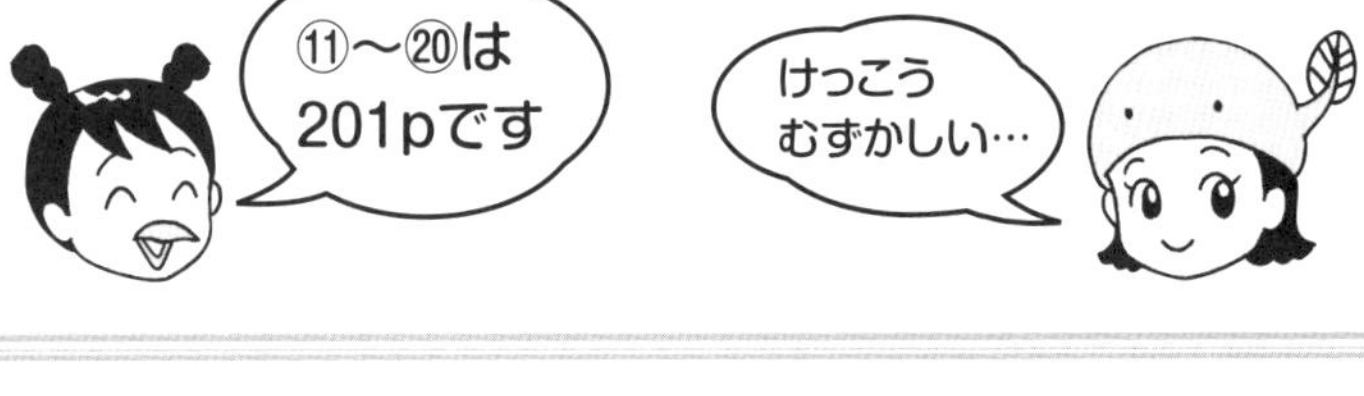
⑪〜⑳は
201pです
けっこう
むずかしい…

2005(平成17)年

1月号
◆2005年りぼんカレンダー◆武内こずえアゲハ100%ハートグロスパレット◆春田なな未来ちゃんふわふわ♥ミニティッシュ◆紳士同盟† カルタラブ占い◆槙ようこ 愛してるぜベイベ★★メモリアル バラエティーシール

2月号
◆灰音ちゃん クロス★ウォッチ◆別冊まんが（春田なな／瀬戸優菜）◆サボテンの秘密ときめき♥ハートバッグ◆吉住渉望加ちゃん ラブリー水玉バッグ

3月号
◆未来ちゃんチアフル★おでかけバッグ◆別冊まんが（園田小波／前川涼）◆紳士同盟†ビューティービッグポスター

4月号
◆未来ちゃんカラフル★ペンセット◆別冊まんが「わくわく★動物ワールド」◆灰音ちゃんクロスノート◆りぼんオールスタースーパーどでかシール◆うきうき名刺シート

5月号
◆特別とじこみふろくりぼんパソコンCD－ROMわくわくステーション2005◆別冊まんが「放課後クラブBOOK」◆未来ちゃんスペース★ミニしたじき◆種村有菜灰音&閑雅ハートフルCDファイル◆酒井まゆピーターパン♠症候群マジカル★スクールノート◆りぼんギャグキャラ顔マーク・シール

6月号
◆槙ようこSTAR BLACKS3ウェイチェーン◆武内こずえ アゲハ100%アクセサリートレイ◆別冊まんが（椎名あゆみ）

7月号
◆STAR BLACKSパラダイス★サマーバッグ◆紳士同盟†トロピカルゆらゆらボックス◆サマーポストカードセット◆別冊まんが（酒井まゆ）◆クール&キュート スタイルシール

8月号
◆カラフルサマーネイルセット◆別冊まんが（亜月亮）◆園田小波チョコミミ きせかえボードおしゃれシール

9月号
◆春田ななラブ・ベリッシュ！フルーティー・カンペンケース◆紳士同盟†帝国学園生徒会メモリアルプレート◆STAR BLACKSジュエリー・レターセット◆とじこみ別冊ふろく「りぼん名作50選！完全解説！ 1955～2005」

10月号
◆ふわふわキラキラ パーティーセット◆前川涼アニマル横町ぷりちーてさげ◆アゲハ100%シンデレラブックカバー◆チョコミミ ドールハウスセット◆紳士同盟†きらきら★プラチナステッカー

11月号
◆ラブ・ベリッシュ！ ハッピータイム♥かけ時計・デコレーション★シール◆前川涼アニマル横町どき☆どき名シーントランプ

12月号
◆りぼんスイート・スケジュール手帳◆アニマル横町ぷりちーマスコットボールペン◆チョコミミスケジュール♥シール◆紳士同盟†Xmasツリー占い

05年12月号

2006(平成18)年

1月号

◆種村有菜　紳士同盟†帝国学園公認スクール★マフラー◆春田ななラブ・ベリッシュ！　りぼんスタイルカレンダー◆前川涼アニマル横町お正月お楽しみスゴロク◆2006りぼんオールスター・新春バラエティーシール◆園田小波チョコミミおしゃれ♥クリアファイル

2月号

◆りぼん2006春のおしゃれコレクション第一弾（アニマル横町カラフル★ドラムバッグ）◆ラブ・ベリッシュ！　ミーちゃん　マスコット♥ケース◆紳士同盟†エンジェル♥メッセージ♥ボックス

3月号

◆りぼん2006春のおしゃれコレクション第2弾（ラブ・ベリッシュ！　まんまるコインケース&ラブリー　ネックストラップ）◆紳士同盟†メモリアルメッセージボード◆アニマル横町思い出通知表◆チョコミミキューティ★プリントシール

4月号

◆ラブ・ベリッシュ！&アニマル横町リバーシブル★ペンポーチ◆槙ようこたらんたランタ　スマイル♠クリアファイル◆紳士同盟†ファンシーフラワーメモパッド◆松本夏実アリスから魔法マジカル☆おまじないシール

2006(平成18)年

5月号

◆アニマル横町わくわく★スクールバッグ◆新学期バラエティ・ノートセット（春田なな／槙ようこ／種村有菜／藤原ゆか／園田小波）

6月号

◆酒井まゆロッキン★ヘブンレインボーマルチボックス◆春田なな由夜ちゃんガーリー♥ハンカチ◆アニマル横町ワク★ドキティッシュ◆たらんたランタヒカルのフォト日記ポスター◆紳士同盟†華やぎ！　サマー・ビッグ・ポスター

7月号

◆由夜ちゃんおでかけ♥トートバッグ◆チョコミミドリーミー★ボールペン◆フレッシュ！　サマー・ポストカードセット◆アニマル横町TV型ポストカードスタンド

8月号

◆ロッキン★ヘブンエンジェル♥カンペンケース◆ラブ・ベリッシュ！　はんこつきボールペン◆りぼん★スターハッピーサマー！　わくわくカード集◆槙ようこヒカルちゃんチア★ステッカー

06年11月号

2006(平成18)年

9月号

◆ロッキン★ヘブンめちゃデカ★キューティーケース◆たらんたランタストラップつき★4色ボールペン◆ラブ・ベリッシュ！　プチ♥レターセット◆紳士同盟†ファンタスティックシールアルバム◆りぼんオールスター♥ラブリー・シールブック◆アニマル横町フルーツ・ドロップうらない

10月号

◆たらんたランタハッピー★ポーチ◆ロッキン★ヘブンシネマ・こうかんノート◆ラブ・ベリッシュ！　ハロウィーン★おしゃれ仮装グッズ◆紳士同盟†お月見シール

11月号

◆紳士同盟†スタイリッシュファイルケース◆ラブ・ベリッシュ！　ミーちゃんショップバッグ◆チョコミミおでかけノート◆ロッキン★ヘブン2wayインテリア・フレーム

12月号

◆りぼん2007スケジュール・ブック◆シール◆りぼんギャグオールスターカオもじ・ギャルもじおもしろシール◆チョコミミクリスマスメリーゴーラウンド占い

2007(平成19)年

1月号
◆酒井まゆロッキン★ヘブン　ラブリー・さいふ◆別冊まんがりぼんミニ(樫の木ちゃん／大岡さおり／北沢薫／萩わら子／持田あき／綾瀬ルナ）◆園田小波2007チョコミミカイゾクグマカレンダー◆小桜池なつみ青空ポップあけましておめでとう☆シール

2月号
◆りぼんハッピー♥バインダー◆レインボー★ミニロケットペン◆キューティー★ロゴシール◆ラブカワ♥メッセージシール◆前川涼アニマル横町あなたへひとことシール◆春田ななラブ・ベリッシュ！　香りつき★ハッピーバレンタインシール◆園田小波チョコミミ　プリチ↓プリマシーン◆オールスター・プリシール

3月号
◆ロッキン★ヘブンマジカルペン◆小桜池なつみ織花ちゃんラブポップ・フォトアルバム◆種村有菜紳士同盟クロス†プラチナ・メモ◆チョコミミオトメちっく・ファイル◆アニマル横町イヨ・スポーティバッグ◆真城ひなややプリパタパタ・メッセージシール◆2007りぼんみんなでひなまつり♥メモ◆りぼんアニマルプチ★レターメモ◆ラブ・ベリッシュ！　ミーちゃん＆お手紙おりたたみメモ／スイート・小物入れ

2007(平成19)年

4月号
◆りぼんカラフルノートセット◆りぼんちゃんスマイルボックス◆別冊まんがりぼんミニ（藤原ゆか／雪丸もえ／萩わら子／彩原その）◆りぼんハッピー☆ラッキー占いコレクション◆真城ひなややプリマジカルタロットカード

5月号
◆りぼん★スーパーノート★コレクション（小桜池なつみ／樫の木ちゃん／酒井まゆ／園田小波／種村有菜／春田なな／前川涼／槙ようこ／真城ひな／持田あき）◆オールスター★見出しシール◆チョコミミ＆由夜プチ♡ブックポケット

6月号
◆酒井まゆ紗和ちゃんピンキー★3ポケットポーチ◆青空ポップ空色トートバッグ◆槙ようこ山本善次朗と申します和風きんちゃくポーチ◆チョコミミオシャレ×心理テストBOOK

7月号
◆りぼん夏色☆レターセット（小桜池なつみ／酒井まゆ／種村有菜／槙ようこ）◆りぼんちゃんキラキラ♥ハッピーケース◆チョコミミポップ☆アップサマーメッセージカード◆りぼんキラキラ七夕シール◆アニマル横町すぺさる★お楽しみブック◆りぼんギャグキャラ七夕短冊メモ

2007(平成19)年

8月号
◆キラピカ★6色ラメペンセット（小桜池なつみ／酒井まゆ／園田小波／種村有菜／前川涼／槙ようこ）◆りぼんスターノートdeバケーション◆チョコミミプチ

07年8月号

2007(平成19)年

ケース&ギャグキャラわくわく・ローラーメモ◆藤原ゆかCRASH！ ペンダント型ブックエンド

9月号
◆チョコミミおしゃれポーチ◆青空ホップキラ★キラ★マニキュア◆ロッキン★ヘブンキューティー・ミニタオル◆りぼんラメ★ネイルシール◆アニマル横町アニ横祭り わっしょいボックス◆CRASH！ きんちゃくポーチ

10月号
◆チョコミミドリーミー★おえかきセット◆別冊まんが（大岡さおり／黒崎みのり／込由野しほ／村田真優）◆りぼん★メルヘンぬりえ絵本◆りぼんちゃん×ハローキティおえかきノート

11月号
◆りぼん×ハローキティコラボミニトートバッグ◆別冊ふろく「めちゃめちゃ★ギャグブック」◆りぼんキャラ★デラックスカードパック◆樫の木ちゃん株式会社ラブコットンロゴマーク貯金箱

12月号
◆チョコミミキラ★じゃらリボンストラップ◆別冊まんがminiクリスマススペシャル!!◆株式会社ラブコットンラブコットンラブリー♥ショップバッグ◆飛び出す★ハッピークリスマスカード

トマトのクイズ（12p）こたえ⑪〜⑳

⑪60年 2月号　お花のハンドバッグ
⑫84年11月号　本田恵子のR I O&RYOカントリー・ライフノート
⑬92年10月号　水沢めぐみの姫ちゃんガンバレメガホン
⑭85年12月号　小椋冬美のクリスマスカード
⑮92年12月号　クリスマス・ミニブックセット
⑯98年10月号　高須賀由枝の菜緒ちゃんブック・レターセット
⑰97年 6月号　椎名あゆみのせあらちゃんジューンブライド・ゲーム
⑱80年 5月号　田渕由美子のチャーミング・シール
⑲89年 1月号　高田エミのシロちゃんお獅子バンク
⑳77年12月号　太刀掛秀子のレターファイル

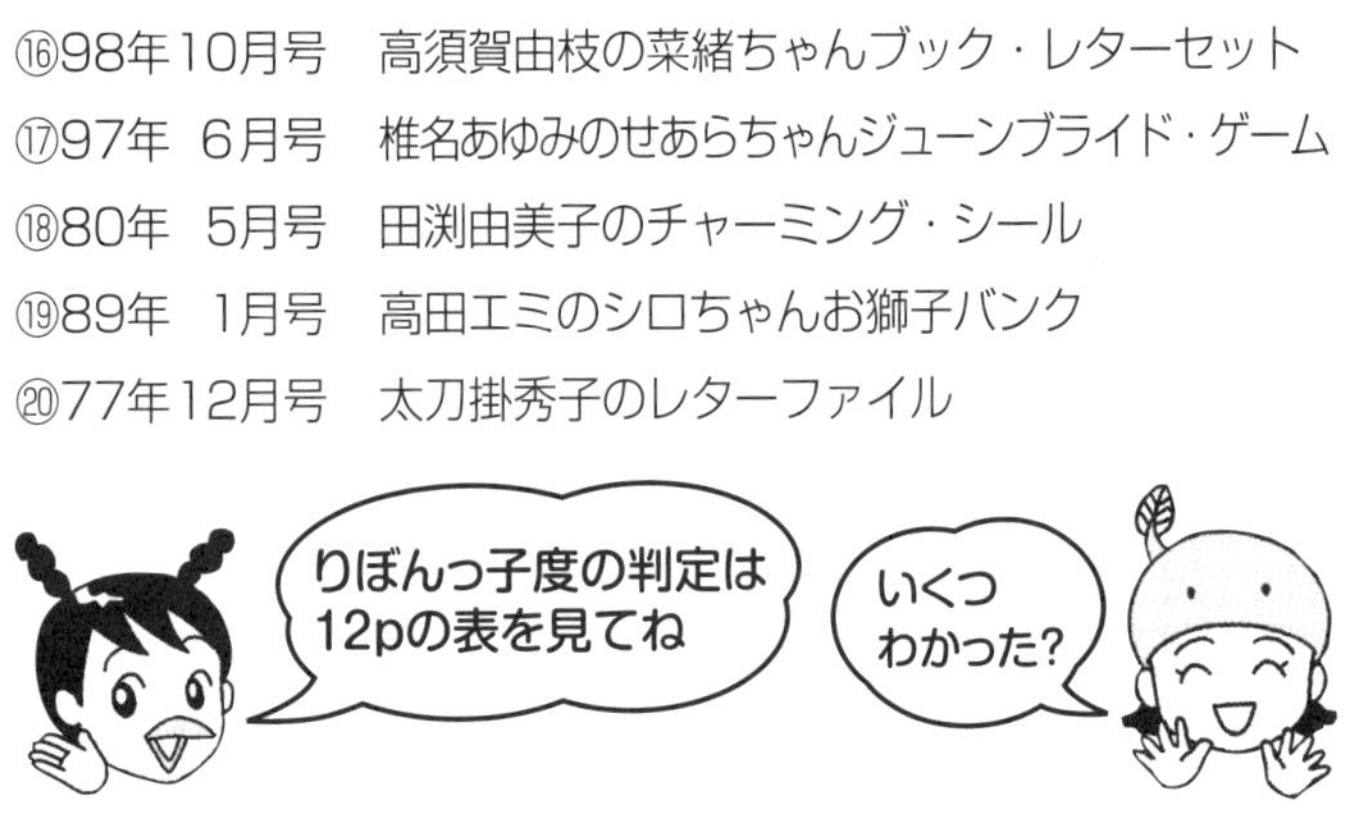
りぼんっ子度の判定は12pの表を見てね
いくつ わかった?

2008(平成20)年

1月号
◆りぼんスケジュール☆ブック2008◆春田ななチョコレートコスモスチョココス6色★スペシャルペン◆りぼん×ハローキティコラボスペシャルシールコレクション◆りぼんギャグ・オールスター2008えんぎ物あつめゲーム

2月号
◆チョコレートコスモスシャイニー★ハッピー★ポーチ◆りぼんぷっくり・デコシール◆HIGH SCORE恋の劇薬メモセット◆チョコミミジュエル☆ハートBOX

3月号
◆山本善次朗と申しますきらり☆ジェルラメデコペン◆チョコレートコスモスハッピー☆デコノート◆チョコミミよせ書きフォトフレーム&ミニミニひなかざり

4月号
◆RIBON MEMORY♥BOOKはっぴぃメモりんぐ◆チョコミミ♥スタンドペンポーチ◆樫の木ちゃん・酒井まゆ・園田小波・藤原ゆかりぼんキャラデコデコ☆メッセシール

5月号
◆ロッキン★ヘブンスーパーカラフル・18本ペンセット◆チョコレー

08年4月号

2008(平成20)年

トコスモスハッピー☆クールファイル◆りぼんスプリング・メモコレクション

6月号
◆チョコレートコスモスりぼんつきクリアハートストラップ◆株式会社ラブコットンラブリー♥シュシュ◆CRASH!キララメ☆ブックリハートヘアピン◆チョコミミプリンセス♥ボックス

7月号
◆CRASH! フルーティ蛍光ペン◆チョコミミハピサマ☆レモンシール◆ポップアップ・サマーカレンダー◆ミニ

2008(平成20)年

ミニメモノート

8月号
◆株式会社ラブコットンクリアショップバッグ☆サマーバージョン◆種村有菜絶対覚醒天使ミストレス☆フォーチュンファンタスティック★レリーフミラー◆ロッキン★ヘブンシューティングスターコーム◆CRASH! めざせトップアイドル☆すごろく

9月号
◆酒井まゆMOMOピンキー・RIBONポーチ◆絶対覚醒天使ミストレス☆フォーチュンラブかわシャーペン◆株式会社ラブコットン&CRASH!ポストカードセット◆チョコミミRIBONシール

10月号
◆Ribonステーショナリーセット

11月号
◆MOMOファンタジック☆Ribonウォッチ◆CRASH! スター☆ライトペン◆株式会社ラブコットンスライドメッセージハロウィンカード

12月号
◆CRASH! ふわモコ♥アクセサリー◆MOMOロマンチック♥ネックレス◆チョコミミキューティー♥りぼんシュシュ◆株式会社ラブコットンクリスマスツリー小物入れ☆

2009(平成21)年

1月号
◆酒井まゆMOMOゴージャス★デコシール&ポストカードセット◆2009りぼんカレンダー◆新春☆ギャグキャラお楽しみスタンプセット◆松本夏実夢色パティシエール　スイーツデコカード◆スペシャルベースカード

09年1月号

2月号
◆りぼんコレクションラブリー♥パッチンさいふ◆りぼんアイドルとっておき！ラブリー♥カードセット◆樫の木ちゃん株式会社ラブコットンキューティー♥マ

2009(平成21)年

ネーメモ

3月号
◆藤原ゆかCRASH！　ハッピー★ロゴポーチ◆松本夏実夢色パティシエールデコレーション♥ティッシュ◆種村有菜桜姫華伝カレンダーつきフリフリひなかざり

4月号
◆りぼんゴージャスきせかえBOXセット（デコッて♥きせかえBOXきらきら☆姫デコシール2大ゴージャスきせかえシート）◆カナヘイサラすぱ！　くるくるプロフィール&スタンドミラー型時間割

5月号
◆春田ななスターダスト★ウインクビッグ★バルーン★ボックス◆松本夏実夢

09年8月号

2009(平成21)年

色パティシエールスイーツミニケース

6月号
◆りぼんコレクションなないろ★ステーショナリーセット

7月号
◆春田ななスターダスト★ウインクスィート★せんぷうき

8月号
◆MOMOキューティーボールペン◆スターダスト★ウインクラブリー♥ドーナツ♥ノート◆小桜池なつみフライハイ！エクササイズダイアリー

9月号
◆スターダスト★ウインクラメもこ★スターチャーム◆カナヘイサラすぱ！キラぴか！メタリックトート

10月号
◆りぼんスーパーエンタメモ100◆サラすぱ！　シールコレクション

11月号
◆ラブかわ・シュシュセット

12月号
◆めちゃデカ★りぼんゴム◆槙ようこ勝利の悪魔スタイリッシュ★バッグ◆夢色パティシエールマイスイーツカード◆りぼんスデコ友シール&メモパッド◆りぼんスウィートカードセット

2010(平成22)年

10年1月号

1月号
◆2010りぼんカレンダー◆ラブリー! マカロン♥ストラップ

2月号
◆2010りぼんスケジュール★ブック◆モコモコりぼんシール◆スター★ボールペン◆ラブリー♥ミラー

3月号
◆松本夏実 夢色パティシエール 夢色・スウェット・バッグ

2010(平成22)年

4月号
◆松本夏実 夢色パティシエール夢色・スウェット・トート

5月号
◆姫キラ☆ステーショナリーセット（松本夏実／雪丸もえ／酒井まゆ／種村有菜／槙ようこ／春田なな／いしかわえみ）

6月号
◆夏モテ・シュシュセット（ボーダーパイルシュシュ／リボンデニムシュシュ）

7月号
◆でかっ! キラ★じゃらチャーム（キラもこりぼん・RIBONロゴチャーム／BIGカンバッジ／ハートプレート）

10年5月号

2010(平成22)年

8月号
◆♥ナツおでかけマリンセット（♥マリン☆ポーチ／クリアラメ☆キューブゴム／雪丸もえ ひよ恋♡ハンドタオル）

9月号
◆めちゃ盛り・スーパーデコセット（スイーツ×りぼん コラボシール／ぷくぷく スイーツシール／ふわふわハートシール／フラワーシール／Ribonデコノート／ミニジェルペン／スイーツデコテープ／キラキラ☆ホロシート／りぼんキャラステンシル）

10月号
◆ラブふわ・ペンセット（ハートマスコットペン／ボンボンリボンペン）

11月号
◆わくドキッ★りぼんDVD◆プリティーリズム・ミニスカート プリズムストーン2個セット◆ポップアップ♪ミラーブラシ

12月号
◆ラブきゅん・ふわふわポーチ◆甘カワ・リボン&パールストラップ

2011(平成23)年

1月号
◆雪丸もえひよ恋ぽかぽか♥フリースブランケット

2月号
◆ハッピー☆スケジュールBOOK◆パールシャープペン◆ゴージャスデコシール×3種

3月号
◆ベストフレンド★プロフ帳

4月号
◆めちゃカワ・ひよひよステショ12点セット（えんぴつキャップ3コ／えんぴつ3本／ジェルペン／蛍光ペン／ミニメモ／けしゴム／15cm定規／ラインストーンシール）

5月号
◆友情最強♪友コミュアイテム6点セット（こうかんノート／下じき／便せん／封筒／キラふわシール／キラ盛りシール）

6月号
◆CRASH! おでかけ☆ガールズアイテム4点セット（めちゃデカ★マルチクロス／ビューティー★ミラー&コーム／ラッキー★スターティッシュ／キラ★ラメピン）

2011(平成23)年

7月号
◆姉かわテイストがめちゃかわ♡ガーリー・リボンポーチ

8月号
◆LOVEプリ♥シール帳◆プリティーリズム　プリズムストーン　サーカスピエロワンピ◆ちびまる子ちゃん25周年記念　コミックメモ

9月号
◆激カワ★メガ盛り　デコセットもりもり13点!!（りぼんスペシャルデコノート／ガーリーペーパー／スイートペーパー／姫ペーパー／ポップペーパー／ぷっくり♥スイーツシール／グリッター★ロックシール／ふわ2ファーシート／パールシール／キョロ2目玉シール／シャカ2手作りカプセルシール／プチリボン／レース風デコテープ）

10月号
◆絶対アガる↑↑神スタディセット14点（かいて消せるツインペン・シール10種類（ポイントバッチリ☆シール／予習復習やっとく?シール／おーえんしちゃうぞシール／きあい注入シール♥／やったねごほーび♪シール／いーんですindexシール／Studyスケジュールシール／メッセージTo Youシール／できたかなチェックシール／ふきだし&おなまえシール）

2011(平成23)年

11月号
◆ふわもこ♥キャンディソックス

12月号
◆ひよ恋ハッピー♥ひよひよグッズ（ぬいぐるみペン／きせかえシール／プチメモ）

11年2月号

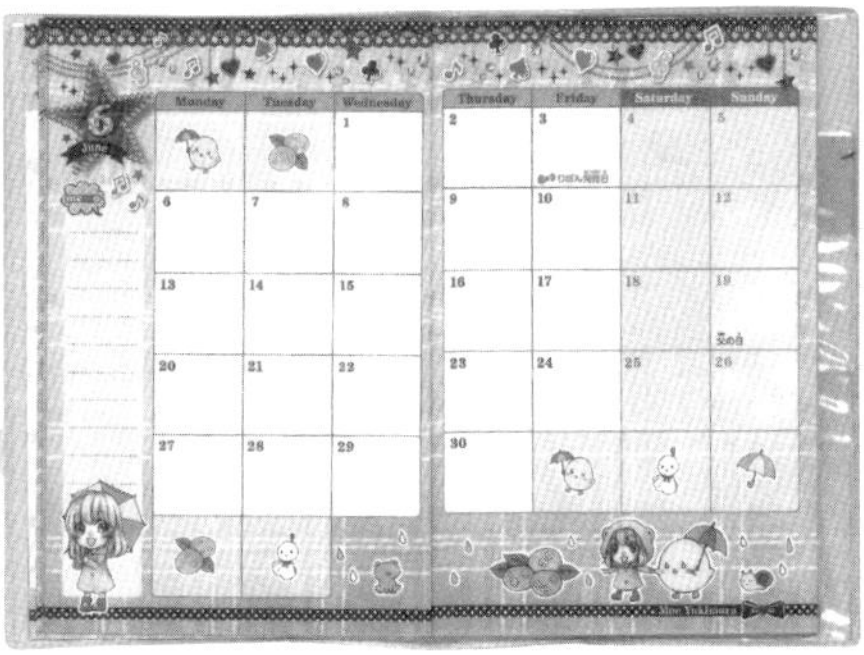

2012(平成24)年

1月号 ◆姉カワ♥ローズマフラー

2月号 ◆超ゴーカ♪スーパー★スケジュールセット2012 スゴすぎ！8点（りぼんスケジュールブック2012／スターチャーム★シャープペン／キャンディ♪シール／ラメラメ★シール／マシュマロ♥シール／スケジュールシール／RIBON CAFEふせん／種村有菜 桜姫華伝さくらんぼメモ）

3月号 ◆ジュエリー☆カラーペン10本セット◆デコ用シート◆プリティーリズム プリズムストーン（トゥウィンクルシュガーワンピ）

4月号 ◆超お役立ちふろく 親友☆コレクション3点セット（友コレ♥プロフィール帳／わけっこ♥ぷくぷくシール／DEAR♥友ミニレターセット）

5月号 ◆絆★コレクション3点セット（カギつき★ひよこうかんノート／おでかけ♪パタパタふせん／4you♥カプセルシール）

12年5月号

2012(平成24)年

6月号 ◆スペシャルDVDりぼんフェスタ!!◆うきうき♪TRAVELレターセット5点盛りっ（びんせん／ふうとう／トラベルメモ／レターシール／クリアファイル）

7月号 ◆夏おしゃれガールズアイテム3点セット（キラきゅん♥シャーベットバッグ／ぷちポーチ／きんちゃく）

8月号 ◆ビューティー♥ネイルアートセット（ジェルネイル風ベースシール／ネイルデコシール4タイプ／ネイルアートピンセット／きらピカ☆つめみがき）

2012(平成24)年

9月号 ◆スイートフレーバー・ステショ10点セット（香り玉入り☆スイーツえんぴつ／ダブルフレーバーペン／SweetCafeしたじき／ヒミツの香りケシゴム／香り玉入り☆ひよこカプセルシール）

10月号 ◆パーフェクトふせんセット（ふせんメイクペン／ジェルペン／バラエティ☆ふせんBOOK／クリアカラーふせん／オリジナルふせんパッド）

11月号 ◆もこもこ♥ショルダーバッグ

12月号 ◆別冊まんが100P！「めちゃカワ！（朝吹まりこ）」／「眠れる森の強面王子（優木なち）」◆スクバポーチ◆スクールリボンゴム

12年6月号

2013(平成25)年

1月号
◆本格イラストツール（お手本シート5枚10種類／えんぴつ型グリップシャーペン／細がきイラストペン0・35／写せるミニスケッチブック）

2月号
◆ハッピー・スケジュールセット10点（りぼんスケジュールブック2013／ペン型デコテープ／リボンチャームシャーペン／キャンディシール／フェイスシール／スケジュールシール／アニバシール／ハピバシール／カド&ラインシール／クリアキャラシール）

3月号
◆バレンタイン・友チョコセット（りぼんオリジナルシリコン型／ラッピングバッグ3種15枚／ギフトシール）

4月号
◆ミニスイーツステショセット8点（スイーツ缶ケース／チョコスティック／えんぴつ2本／ロリポップキャンディ消しゴム／チョコドーナツテープ／クッキーチャームつきハサミ／アップルラムネ蛍光ペン／いちごケーキふせん）

5月号
◆ラブリー♥ジュエリー　ステショセット10点!!（ツインなまえペン／えんぴつ3本／えんぴつキャップ3コ／消しゴム／30cm折りたたみじょうぎ／したじき）

2013(平成25)年

6月号
◆スイーツラメペン10本セット

7月号
◆スタイリッシュ★ショルダーバッグ◆別冊100P「本当は○○な絶叫学級（いしかわえみ）」

8月号
◆めちゃカワ・バラエティレターセット（びんせん&ふうとう5セット／レターデコシール／スクラッチシール／レターシール／レースシール）

9月号
◆パーフェクト☆ネイルアートセット7点（ネイルカラー2本／ネイルシール4枚／つめみがき）◆超ごうか　描きおろしキラキラ☆サマーポストカード（いしかわえみ／大詩りえ／酒井まゆ／槙ようこ／村田真優／雪丸もえ）

13年7月号

2013(平成25)年

10月号
◆スーパー文具セット（フリクションカラーズ　りぼんモデル／ネオンカラーマーカー／ネオンカラー3色ふせん／クリアふせん／ノートまとめ用うつしがきシート）

11月号
◆おしゃカワ・ななめがけバッグ

12月号
◆ロマンチック・マルチポーチ◆ひよ恋れんさい4周年記念・SWEETひよひよシール

13年10月号

2014（平成26）年

14年2月号

14年1月号

1月号
◆超カンタン☆イラストステップアップセット（酒井まゆプロデュース☆スクリーントーン／うつせるお手本シート20種類／りぼん特製イラスト練習ドリル／細がきイラストペン2本／トレーシングペーパー）

2月号
◆ハピログ手帳セット2014（りぼんスケジュール手帳2014／シャーペン／デコテープ&マスキングテープ／スケジュール&フェイスシール／オールスター★クリアシール／ぷっくりシーズンモチーフシール）

3月号
◆友チョコおうえんセット（りぼんオリジナルシリコン型／ミニレターセット）

2014（平成26）年

4月号
◆最強ステショ　ベスト7（したじき／クリアファイル／おりたたみじょうぎ／ツイン名前ペン／ツインカラー蛍光ペン／いちご柄デコテープ／時間割シール）

5月号
◆ラブスイーツ・ステショセット（板チョコペンケース／ゆらゆらクッキーチャーム♪ボールペン／プチキャンディふせん／ドルチェレターセット／クッキープレートシール）

6月号
◆ネオン&パステル　フォーチュンジェルペン7本セット

7月号
◆ぷくぷくスマートゲームポーチ

8月号
◆スイーツ&マリン柄★サマークリアバッグ

9月号
◆ミラクル☆サマーネイルアート　フルセット

10月号
◆フレンチモード　タンブラーポーチ

11月号
◆ハッピーハロウィン☆ステショセット

12月号
◆シリコンブレスウォッチ

2015(平成27)年

1月号
◆キラ★チェン年賀状デコセット（ネオンカラー筆ペン／ネオンクレヨンマーカー／マスキングテープ／イラストベースシール／金フチクリアシール／スクラッチシール／転写シール）

2月号
◆ドリーム手帳セット2015（ドリームスケジュール手帳／ドリーミー★シャーペン／スケジュールシール／クリアシール／クリアふせん／ミニクリアファイル／マスキングテープ）

3月号
◆友チョコ&クッキー　かんぺきキット

4月号
◆フレッシュ★スターショルダーバッグ／こっそりタオルポーチ

5月号
◆春色ポップ☆エナメル長財布

6月号
◆スイート♡カフェステショ7点セット

7月号
◆デイリー☆ビッグリュック

8月号
◆シャイニーネイルアートセット◆バカンスボディシール◆サマービューティーポーチ

9月号
◆まんが家デビューセット

ふろくんの

つぶやき

21世紀のふろく

最後に21世紀のグッズをまとめて紹介します。今後どんな進化をしていくのか、お楽しみに！

05年11月号

14年7月号

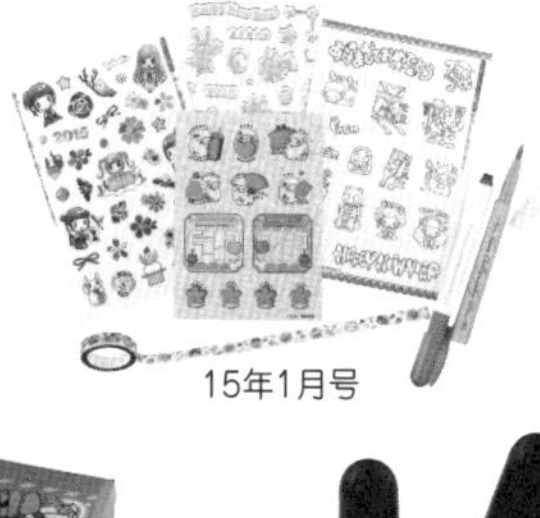

15年1月号

04年9月号

14年9月号

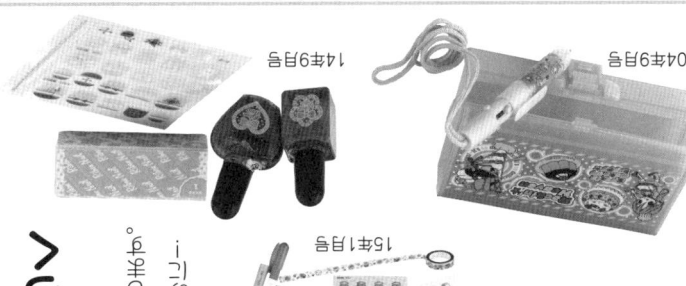

ミラクル・パーティー　創刊60周年記念

りぼんのふろく同窓会

閉会のことば

思い出話はつきませんが、創刊60周年記念、りぼんのふろく同窓会をそろそろお開きにしたいと思います。

なつかしいふろくとは再会できたでしょうか。

この本を開けば、いつでもどこでもパーティーが再開します。

おめあてのふろくをさがせなかった方も、次にページを開いたときには見つけられますよう。

皆さま、それまでお元気で！

おわりに

どうしてふろくはこんなに楽しいんだろう——。

集英社の資料室で60年分のふろくを見つめながら、なんどもこうつぶやきました。

ふろくたちはひとつひとつが宝石のようで、まだ少女だったりぼんっ子がふろくを開けて手にした瞬間の瞳の輝きを、そのまま閉じこめたように発光していました。

なんだか、「わたしを忘れないで」とそっとささやきかけているようでした。

消えてゆくモノたちだけがもつ、春の陽だまりのような愛おしいぬくもり、がんばって光ろうとするなつかしい故郷の虹のような美しさ、本誌をささえるたくましさ——。

そんなりぼんのふろくを本にしたい、と最初に思ってから10年以上になります。

たくさんの方々のお力に支えられてようやくこの本ができました。

心より、ありがとうございました。

この本が、りぼんのふろくをときおり思い出すきっかけになることを願ってやみません。

２０１５年6月14日

烏兎沼佳代

烏兎沼佳代（うとぬま　かよ）
編集者、りぼんのふろく研究家。1961年山形県生まれ。駒沢大学卒。高校教師、台湾での日本語教師を経て、文春ネスコで10年勤務。『教科書でおぼえた名詩』『満州鉄道まぼろし旅行』『マルベル堂のプロマイド』『田宮模型全仕事』（ともに文春ネスコ）、「ｔｈｅ座」（こまつ座）、『宮城谷昌光全集』『新版 向田邦子全集』（ともに文藝春秋）、『完本 寺内貫太郎一家』（新潮社）、『井上ひさし短編中編小説集成』（岩波書店）などにかかわる。

～少女漫画誌《しょうじょまんがし》60年《ねん》の歴史《れきし》～
りぼんの付《ふ》録《ろく》全《ぜん》部《ぶ》カタログ

2015年7月29日　第1刷発行
2020年2月12日　第3刷発行

●著者／烏兎沼佳代《うとぬまかよ》
●本文イラスト／小泉晃子
●デザイン／アイシーイー
●編集協力／上村祐子・沖永信子
●作品提供協力／弥生美術館
●図版協力／大阪府立中央図書館国際児童文学館（68p 右上）

発行者　茨木政彦
発行所　株式会社　集英社
〒101-8050　東京都千代田区一ツ橋2丁目5番地10号
電話　編集部　03-3230-6141
読者係　03-3230-6080
販売部　03-3230-6393（書店専用）

印刷所　大日本印刷株式会社
製本所　ナショナル製本協同組合

ISBN978-4-08-781570-2 C0076